1.-4. Schuljahr

Rudi Lütgeharm

Stationenlernen Sport

... in der Grundschule

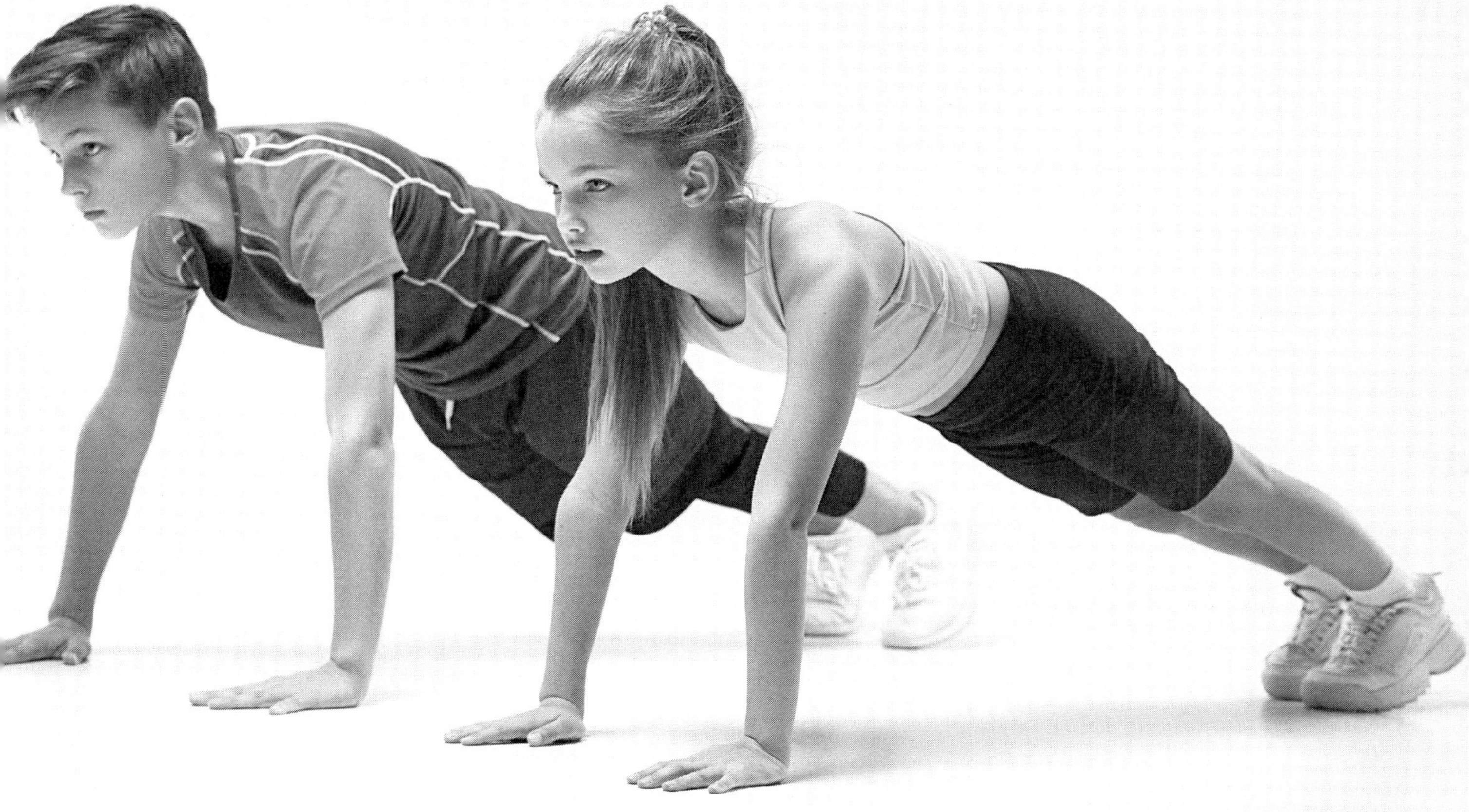

- Pflicht- & Wahlstationen
  Springen, Stützen, Schwingen u.v.m.
- Kondition & Koordination
- Gerätturnen & Leichtathletik

www.kohlverlag.de

Stationenlernen Sport in der Grundschule

Gemeinsam spielen, üben und trainieren

1. Auflage 2022

Inhalt: Rudi Lütgeharm
Illustrationen: Scott Krausen
Coverbild: © Svitlana – AdobeStock.com
Redaktion: Kohl-Verlag
Grafik & Satz: Kohl-Verlag
Druck: farbo prepress GmbH, Köln

Bestell-Nr. 12 713

ISBN: 978-3-98558-100-9

Bildquellen © AdobeStock:

S. 13: pavelav (2x); **S. 15:** PRCreativeTeam; **S. 58:** koi88; **alle Pylone-Bilder:** martialred.

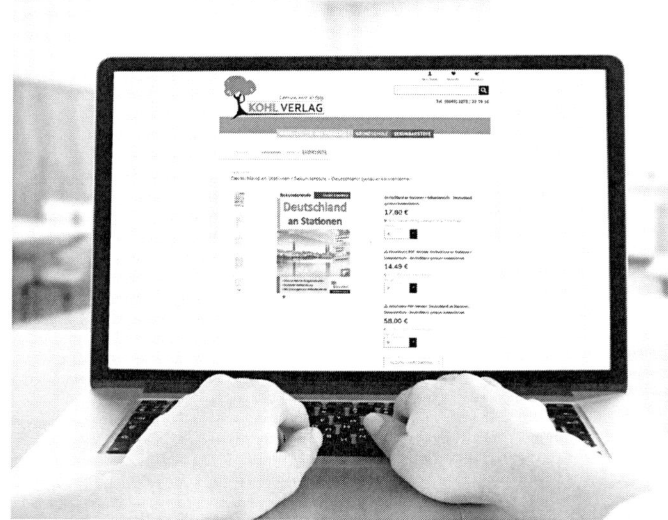

Der vorliegende Band ist eine Print-Einzellizenz

Sie wollen unsere Kopiervorlagen auch digital nutzen? Kein Problem – fast das gesamte KOHL-Sortiment ist auch sofort als PDF-Download erhältlich! Wir haben verschiedene Lizenzmodelle zur Auswahl:

	Print-Version	PDF-Einzellizenz	PDF-Schullizenz	Kombipaket Print & PDF-Einzellizenz	Kombipaket Print & PDF-Schullizenz
Unbefristete Nutzung der Materialien	x	x	x	x	x
Vervielfältigung, Weitergabe und Einsatz der Materialien im eigenen Unterricht	x	x	x	x	x
Nutzung der Materialien durch alle Lehrkräfte des Kollegiums an der lizenzierten Schule			x		x
Einstellen des Materials im Intranet oder Schulserver der Institution			x		x

Die erweiterten Lizenzmodelle zu diesem Titel sind jederzeit im Online-Shop unter www.kohlverlag.de erhältlich.

Inhaltsverzeichnis

Seite

1 Vorwort und Einführung

Wird es auch in Zukunft an den Schulen Sportunterricht in der bisher bekannten Form geben? Ich glaube schon, aber es werden sich die Gestaltung, die Methoden und auch die Inhalte des Sportunterrichts verändern. Die Lebenswelt der Mädchen und Jungen in der „Heute-Zeit“ haben sich rasant verändert und verändern sich durch die ständig zunehmenden technischen Neuerungen stetig weiter. Die Institution Schule selbst und jeder Sportlehrer vor Ort muss sich die Frage stellen, ob der herkömmliche Sportunterricht manchmal evtl. anders und moderner gestaltet werden kann. Eine Ausweitung der Themen/Ziele/Inhalte und andere Methoden sowie Organisationsformen würden Veränderungen im Sportunterricht herbeiführen.

Eine mögliche Konsequenz wäre der vermehrte Einsatz der Unterrichtsmethode des Stationenlernens.

Gerade in der Grundschule kommt das Stationenlernen oft zum Einsatz. Das Stationenlernen wird auch häufig als „Lernen an Stationen“, „Stationenbetrieb“, „Stationenarbeit“, „Lernstraße“, „Lernparcours“ und „Lernzirkel“ bezeichnet, wobei alle genannten Begriffe dasselbe meinen: Stationenlernen.

In Form des Lernens an Stationen üben und trainieren die Schüler gleichzeitig methodische und inhaltliche Ziele. Die Arbeit an den Stationen fördert das selbstständige Lernen und Üben jedes einzelnen Schülers. Das Stationenlernen fördert die Motivation der Schüler, da die Vielfalt der Aufgaben und Materialien meistens positive Lernerfahrungen ermöglichen. Das Stationenlernen ist deshalb auch eine entsprechende methodische Antwort auf evtl. Motivationsprobleme bei den Schülern.

Das Stationenlernen beschreibt das zusammengesetzte Angebot mehrerer Lernstationen im Rahmen einer übergeordneten Thematik. Die ersten Erfahrungen mit dem Stationenlernen machen die Mädchen und Jungen meistens in der Form des bekannten Zirkeltrainings. In den letzten Jahren wurde das Stationenlernen gerade im Grundschulbereich intensiviert und neben dem Fach Sport auch auf andere Fächer übertragen. Um Stationenlernen erfolgreich im Unterricht und insbesondere im Fach Sport (Fürsorge- und Aufsichtspflicht) durchzuführen, ist eine gute und sorgfältige Vorbereitung wichtig.

Dieses Buch erklärt und macht deutlich ...

- was man unter Stationenlernen überhaupt versteht;
- was charakteristisch für das Stationenlernen ist;
- welche Formen des Stationenlernens es gibt;
- welche Vor- und Nachteile das Stationenlernen mit sich bringt;
- welche Regeln beim Stationenlernen beachtet werden müssen;
- wie das Stationenlernen geplant und vorbereitet werden muss;
- wie das Stationenlernen in der Praxis durchgeführt wird.

Die sich anschließenden praktischen Beispiele in Form des Stationenlernens decken hierbei die Kernthemen der Lehrpläne Sport für die Klassen 1-4 ab. In diesem Buch wird das Stationenlernen zum Schulen und Verbessern der motorischen Fähigkeiten (konditionelle und koordinative Fähigkeiten), der Grundtätigkeiten (hüpfen, springen, balancieren, stützen etc.) und zum Lernen/Üben turnerischer und leichtathletischer Grundformen anschaulich dargestellt. Das Buch zeigt Möglichkeiten auf und veranschaulicht mit viel Praxis, dass gerade das Stationenlernen eine interessante Methode ist, um den Schülern einen anderen Zugang zu den sportlichen Inhalten zu ermöglichen. Sportlehrer, aber auch fachfremd unterrichtende Lehrkräfte finden in diesem Buch viele Anregungen und Beispiele, um das Stationenlernen auch mit ihren Klassen und Gruppen sofort umzusetzen.

Viel Spaß und Erfolg beim Umsetzen der vielfältigen motorischen Angebote in Form des Stationenlernens wünschen der Kohl-Verlag und

Rudi Lütgeharm

2 Was versteht man überhaupt unter Stationenlernen?

Stationenlernen ist eine schülerorientierte Unterrichtsmethode, für die auch häufig Bezeichnungen wie „Lernen an Stationen“, „Stationenbetrieb“, „Stationenarbeit“, „Lernstraße“, „Lernparcours“ und „Lernzirkel“ verwendet werden.

Beim Stationenlernen arbeiten die Schüler anhand vorbereiteter Materialien an Lernstationen.

Beim Stationenlernen sind in der Regel an verschiedenen Positionen im Raum – den Lernstationen – Aufgaben/Aufträge unterschiedlichster Art ausgelegt, die nacheinander von den Schülern bearbeitet werden. Die Aufträge stehen in einem übergeordneten thematischen Zusammenhang, z. B. **„Verbessern der Gleichgewichtsfähigkeit“**, können aber meistens unabhängig und in unterschiedlicher Reihenfolge ausgeführt werden.

Beim Stationenlernen wird durch die Auswahl und Art der Aufgaben eine Vielfalt möglicher Zugänge zum Thema ermöglicht. Alle Sinne werden evtl. durch die Auswahl der Übungen angesprochen. Beim Stationenlernen lernen die Schüler in der Regel selbstgesteuert und eigentätig anhand vorbereiteter Materialien, die in Lernstationen angeordnet sind. Die Methode weist den Schülern eine aktive und verantwortungsvolle Rolle innerhalb des Lern- und Übungsprozesses zu. Die Methode kann zum Üben, Trainieren, Vertiefen, Lernen und zur Leistungsüberprüfung eingesetzt werden. Das Stationenlernen beschreibt das zusammengesetzte Angebot mehrerer Lernstationen im Rahmen einer übergeordneten Thematik.

Die ersten Erfahrungen mit dem Stationenlernen machen die Jungen und Mädchen in der Regel in Form des bekannten Zirkeltrainings.

Was ist charakteristisch für das Stationenlernen?

Beim Stationenlernen erhalten die Schülerinnen und Schüler in Form von Stationen Pflicht- und evtl. Wahlaufgaben. Abhängig vom Thema/Inhalt haben die Schüler Wahlmöglichkeiten hinsichtlich der Reihenfolge der Aufgaben und Sozialform (Einzel-, Partner-, Gruppenarbeit), um die Aufgaben in einer bestimmten Zeit zu lösen.

Folgende Merkmale sind typisch für das Stationenlernen:

- In einer geplanten und vorbereiteten Lernumgebung stehen verschiedene Teilbereiche eines Themas zur gleichen Zeit zur Verfügung.
- Die Teilthemen/-bereiche sind in Stationen organisiert. Die Schüler erhalten entweder zu Beginn des Übens die Stationskarten oder finden diese mit den Aufgaben, Hinweisen und veranschaulichenden Abbildungen an den Stationen.
- Die Schüler lernen/üben das fachliche Angebot weitgehend selbstständig und selbsttätig von Station zu Station gehend in Einzel-, Partner- und/oder Gruppenarbeit.
- Der organisatorische und zeitliche Rahmen wird von der Lehrkraft vorgegeben. Das Lern- und Übungstempo bestimmen die Schüler selbst.
- Die Lehrkraft übernimmt mehr und mehr die Rolle des Beobachters, Beraters, Unterstützenden und Helfers.

2 Was versteht man überhaupt unter Stationenlernen?

Das Stationenlernen …

- fördert in besonderer Weise die Eigentätigkeit der Schüler;
- ermöglicht allen eine gleichzeitige aktive Mitarbeit allein, zu zweit oder in der Gruppe;
- eröffnet Gelegenheiten zu Partizipation, z. B. Mitwirkung bei der Stationengestaltung;
- kann evtl. eine methodische Antwort auf Motivationsprobleme bei Schülern sein;
- ermöglicht eine interessante Darbietung der Lerninhalte durch vielseitiges Angebot;
- fordert die Lehrkraft ganz besonders in der Planung und Unterrichtsvorbereitung.

Beispiel: Koordinationsschulung mit Bällen

Station 1
Aufgabe: Stand auf der Turnbank: Wirf den Ball so gegen die Wand, dass er zu dir zurückkommt und du ihn fangen kannst.
Zähle die gültigen Versuche.
Material: Turnbank und Gymnastikbälle

Station 1
Station 2
Station 3
Station 4

Station 2
Aufgabe: Im Reifen stehen und mit dem Stab den Ball zum Springen bringen und danach weiter außerhalb des Reifens prellen.
Zähle die erfolgreichen Versuche.
Material: Reifen, Stäbe, Gymnastikbälle

Station 3
Aufgabe: Auf- und absteigen am kleinen Kasten, dabei ständiges Prellen des Balles auf den Boden.
Zähle das Auf- und Absteigen.
Material: Gymnastikbälle und kleine Kästen.

Station 4
Aufgabe: Den Ball so gegen die Wand werfen, dass er danach in dem davor liegenden Reifen landet. Den Wurfabstand zur Wand wählt der Schüler selbst.
Zähle die erfolgreichen Versuche.
Material: Gymnastikbälle und Gymnastikreifen.

Ursprünge und Entstehung

Die Ursprünge des Stationenlernens gehen auf reformpädagogische Methoden und Techniken zurück, wie sie vor allem in den Arbeitsateliers bei C. Freinet und den „Subject Corners" von H. Parkhurst (Education on the Dalton-Plan 1922) entwickelt wurden. Bei Freinet waren die Lernstationen noch nicht in Form eines Lernzirkels organisiert und der Planunterricht von Parkhurst war eher individuell angelegt. Einen entscheidenden Impuls für die Stationenarbeit gaben Ronald Ernest Morgan und Graham Thomas Adamson, die 1952 das bekannte Zirkeltraining („circuit training") für den Sport entwickelten. Dies ermöglichte es den Sportlern, eine Anzahl von Übungsstationen entweder der Reihe nach oder in freier Auswahl zu durchlaufen. Die Grundidee aus dem Zirkeltraining wurde später auf Lernaufgaben übertragen.

3 Formen des Stationenlernens

Das Stationenlernen ist eine Form des Offenen Unterrichts, bei dem das selbstbestimmte Lernen der Schüler im Vordergrund steht.

> *Man unterscheidet verschiedene Formen des Stationenlernens, die den Schülern mal mehr, mal etwas weniger Raum für eigene Entscheidungen geben.*

Die folgenden Beschreibungen und die genannten Beispiele sollen es dem Sportlehrer erleichtern, die entsprechende Form des Stationenlernens für seine Klasse/Gruppe zu finden/ wählen. Weitere Hinweise zum Einsatz und zur Auswahl der passenden Form des Stationenlernens erfolgen im Kapitel „Hinweise zum Einsatz dieses Buches“.

A) Geschlossenes Stationenlernen
Bei dieser Form ist die Reihenfolge der Lernstationen vorgegeben. Um eine Differenzierung zu ermöglichen, werden jedoch unterschiedliche Einstiegs- und Endstationen angeboten. In der Praxis heißt das, manche Schüler beginnen an der Station 1, andere leistungsstärkere Schüler beginnen aber gleich an der Station 3 usw.

Beispiel: Rolle vorwärts lernen und üben

Station 1
Aufgabe: Setz dich auf die Matte und umfasse deine Schienbeine.
Schaukle mehrmals rhythmisch vor und zurück. Versuche beim dritten Vorschwung auf die Füße zu kommen.
Hinweise: Übe immer wieder, bis du jedesmal sicher auf die Füße kommst.

Station 2
Aufgabe: Knie oder hocke dich auf den kleinen Kasten.
Setze deine Hände auf die Matte und führe eine Rolle vorwärts auf der „schrägen Ebene“ aus.

Station 3
Aufgabe: Springe vom kleinen Kasten auf die schräge Ebene und turne sofort eine Rolle vorwärts. Nutze dabei den Schwung des Niedersprungs für die Rolle vorwärts.

Station 4
Aufgabe: Springe vom kleinen Kasten auf die Matte (evtl. doppelte Mattenlage) und führe sofort eine Rolle vorwärts mit anschließendem Strecksprung aus.

Station 5
Aufgabe: Springe vom kleinen Kasten auf die Mattenbahn und turne sofort eine Rolle vorwärts mit anschließendem Strecksprung. Turne danach gleich noch eine Rolle vorwärts.

Stationenlernen Sport in der Grundschule – Bestell-Nr. 12 713
Gemeinsam spielen, üben und trainieren

B) Offenes Stationenlernen

Bei dieser Form haben die Schüler die freie Wahl, in welcher Reihenfolge sie an den einzelnen Stationen üben. Um einen reibungslosen Ablauf zu gewährleisten, sollte aber die vorgeschlagene Reihenfolge eingehalten werden, d. h. wer an der Station 3 beginnt, geht anschließend zur Station 4, wer an Station 1 beginnt, geht danach zur Station 2 usw.

Beispiel: Konditionelle und koordinative Fähigkeiten schulen/verbessern

Station 1
Aufgabe: Geht beide in die Bauchlage und haltet einen Stab mit beiden Händen gefasst zwischen euch.
Hebt nun gemeinsam leicht den Oberkörper an: Dann schiebt zunächst A den Stab in Richtung zu B, der leicht nachgibt, dann schiebt B den Stab zu A.

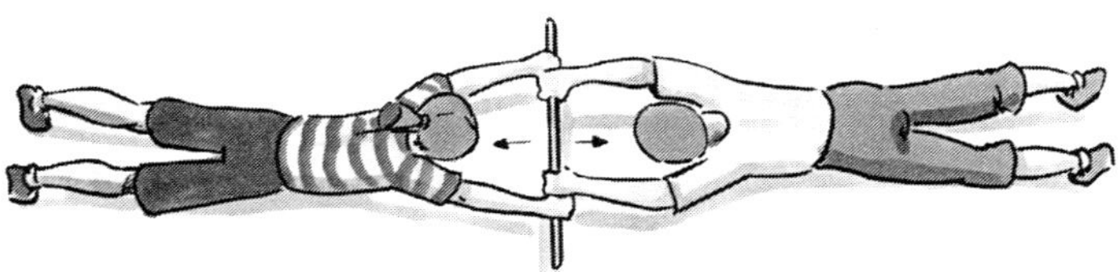

Station 2
Aufgabe: Fasst euch an einer Hand und prellt mit der freien Hand jeder einen Ball.
Versuche nun, deinen Partner in den Reifen zu ziehen, ohne dabei den eigenen Ball zu verlieren.

Station 3
Aufgabe: Geht beide in die Bauchlage mit einem Abstand von ca. 5 m.
A hebt den Oberkörper etwas an, die Arme und Hände haben keinen Bodenkontakt mehr, und stößt mit beiden Händen den Medizinball zu B. B nimmt den Ball an und stößt ihn ebenso zurück.

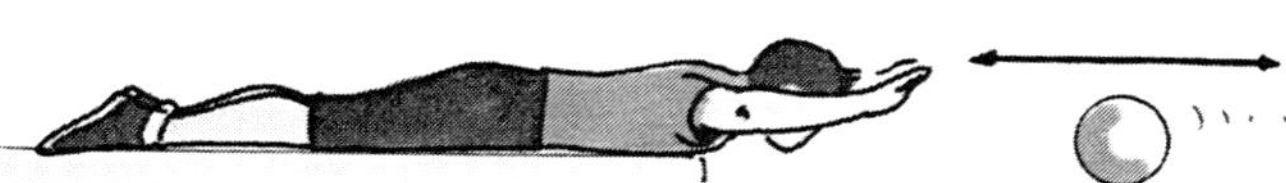

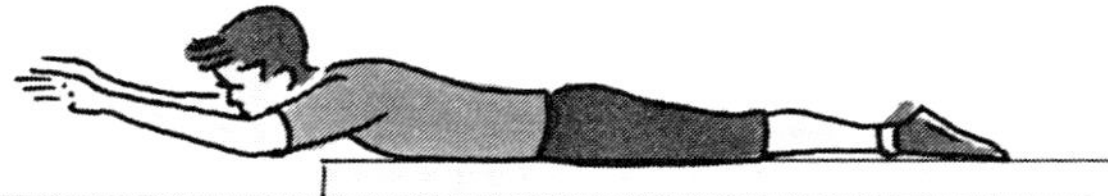

Station 4
Aufgabe: Der Abstand zur Wand beträgt etwa 2-3 m und wird durch eine Linie (ein ausgelegtes Seil oder Markierungshütchen) gekennzeichnet.
Wirf den Ball mit einem kräftigen Wurf schräg gegen die Wand, sodass dein Partner den Ball fangen kann. Der Partner wirft danach ebenso gegen die Wand usw.

Formen des Stationenlernens

C) Stationenlernen mit unterteilten Stationen

Diese Form des Stationenlernens ist recht anspruchsvoll, weil die Stationen aus dem Pflicht- und dem Wahlkreis bestehen. Diese Form sollte nur mit Klassen/Gruppen durchgeführt werden, die im Umgang mit dem Stationenlernen geübt sind. Der Pflichtkreis enthält Pflichtstationen, die in der Regel in der vorgegebenen Reihenfolge bearbeitet werden müssen.

Der Wahlkreis dagegen bietet Aufgaben, die freiwillig von den Schülern gewählt werden können und beinhalten in der Regel vertiefende (anspruchsvollere) Aufgaben zu den jeweiligen Inhalten des Pflichtkreises.

Beispiel: Konditionelle und koordinative Fähigkeiten schulen/verbessern

Station 1

Pflichtaufgabe: Stützele mit deinen Händen vom Boden auf die Sitzfläche der Turnbank, ohne dabei die Fußposition zu verändern: Erst die rechte Hand auf die Bank, dann sofort danach die linke. Anschließend wieder die rechte Hand auf den Boden führen und dann ebenso die linke Hand usw.

Wahlaufgabe: Liegestütz vorlings, die Füße befinden sich dabei auf dem kleinen Kasten. Beugen und Strecken der Arme.

Station 2

Pflichtaufgabe: Prelle den Ball am Ort (auf der Stelle), führe eine schnelle ganze Drehung aus, um dann wieder den Ball zu prellen.

Wahlaufgabe: Stand außerhalb des Reifens, der Ball liegt innerhalb des Reifens.
Schlage mit dem Stab auf den am Boden liegenden Ball, um ihn zum Springen zu bringen. Versuche anschließend, den Ball weiter mit dem Stab zu prellen, dabei sollte er immer im Reifen bleiben.

Station 3

Pflichtaufgabe: Seilspringen:
Führe Grundsprünge mit dem Seil aus – Schlusssprünge mit und ohne Zwischenhüpfer.

Wahlaufgabe: Seilspringen überkreuz:
Führe Grundsprünge mit dem Seil aus und versuche beim nächsten Sprung, wenn das Seil über dem Kopf ist, die Arme zu kreuzen, die Hände sind dabei außerhalb des Körpers.

Stationenlernen Sport in der Grundschule – Bestell-Nr. 12 713
Gemeinsam spielen, üben und trainieren

4 Stationenlernen im Sportunterricht der Grundschule

Das Stationenlernen im Sport beinhaltet die wiederholte Ausführung von ähnlichen oder unterschiedlichen Übungen ohne Gerät, mit Gerät und an Geräten an den einzelnen Stationen. Das Lernen und Üben findet an Stationen statt, die meistens im Oval oder im Kreis in der Sporthalle angeordnet sind.

Jede der ortsfesten Stationen in der Sporthalle enthält bestimmte Teilaspekte eines übergeordneten Lern- und Übungsthemas mit den entsprechenden Materialien/Geräten sowie der Stationskarte mit den Aufgaben und Abbildungen. Die Reihenfolge der Stationenbearbeitung wird vorher festgelegt oder ist freigestellt.

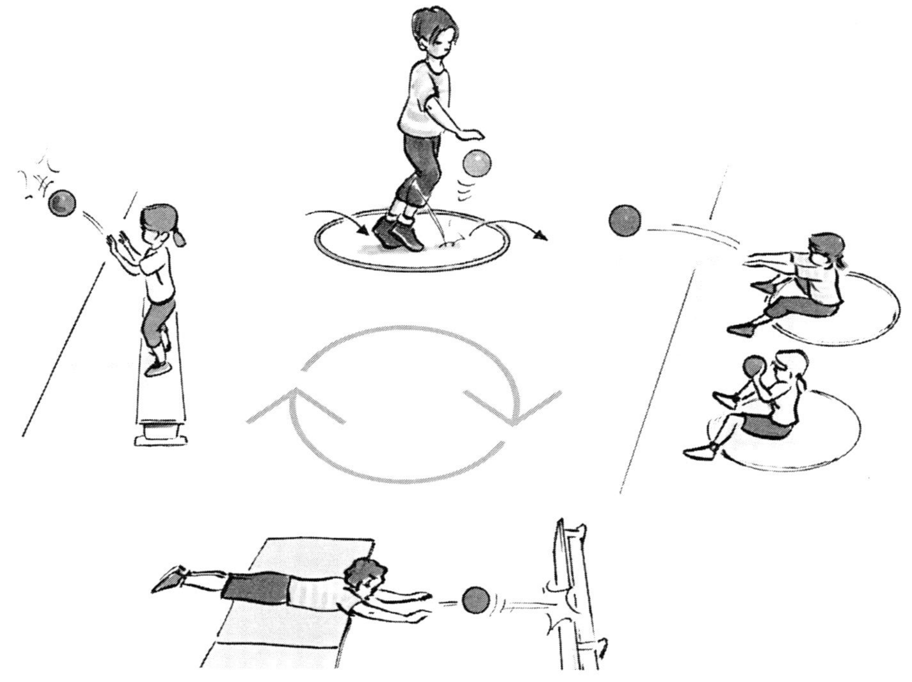

Beispiel: Schulen koordinativer Fähigkeiten ...

wie Anpassungs-, Orientierungs-, Rhythmisierungs-, Reaktions- und kinästhetische Differenzierungsfähigkeit. Das dargestellte Beispiel macht deutlich, dass das Stationenlernen im Sport durch die doch recht unterschiedlichen Aufgabenstellungen verschiedene Zugänge zu den Lern- und Übungsinhalten ermöglicht.

Das Stationenlernen ...

- fördert die Motivation der Schüler, da die Vielfalt der Aufgaben und Materialien meistens positive Lernerfahrungen ermöglicht;
- fördert die Methodenkompetenz der Schüler, da jeder einzelne lernt bzw. „erfährt“, wie er die ausgewählten motorischen Aufgaben am besten lösen kann;
- kann einzeln, zu zweit mit einem Partner oder in kleinen Gruppen erfolgen;
- mit dem Partner und in kleinen Gruppen schult das Kooperationsvermögen und das kommunikative Verhalten (insgesamt ergeben sich vielfältige Möglichkeiten zur Entwicklung sozialen Verhaltens, auch im Sinne gegenseitiger Hilfen und Unterstützung);
- eignet sich deshalb auch besonders für größere Gruppen, z. B. ganz normale Schulklassen.

Der Arbeitsaufwand zum Planen/Erstellen und Organisieren eines Lern-/Übungszirkels ist relativ groß. Allerdings kann ein gut durchdachtes und vorbereitetes Stationenlernen auch immer wieder eingesetzt werden.

4 Stationenlernen im Sportunterricht der Grundschule

Stationenlernen ist grundsätzlich geeignet ...

- konditionelle Fähigkeiten zu schulen und zu verbessern, z. B. Kräftigen der Hauptmuskelgruppen;
- koordinative Fähigkeiten zu schulen und zu verbessern, z. B. Schulen der Gleichgewichts-, Anpassungs- und Orientierungsfähigkeit;
- Grundtätigkeiten anzuwenden und zu verbessern, z. B. Hüpfen, Springen, Stützen, Balancieren anwenden und stabilisieren;
- turnerische und leichtathletische Grundformen zu lernen und zu üben, z. B. Lernen/Üben der Rolle vorwärts, der Hockwende und des Handstands.

Auswahl der Übungen

Damit das Stationenlernen ohne Probleme durchgeführt werden kann, muss schon die Auswahl der Übungen an den einzelnen Stationen unter Berücksichtigung des Leistungsvermögens der einzelnen Schüler, des Leistungsniveaus der gesamten Klasse und der örtlichen Voraussetzungen in der jeweiligen Sporthalle erfolgen. Der Sportlehrer kennt seine Klasse/Gruppe und die örtlichen Gegebenheiten und trifft aufgrund seiner Erfahrungen die entsprechende Auswahl. Erfahrungsgemäß zeigt die Praxis auch, dass die Methode „Stationenlernen“ nicht für jede Klasse bzw. Gruppe vorbehaltlos eingesetzt werden kann. Der Sportlehrer muss aufgrund seiner Erfahrung prüfen, ob das Thema in Form des Stationenlernens für seine Gruppe/Klasse geeignet ist.

Folgende Punkte sind bei der Auswahl unbedingt zu beachten:

- Grundsätzlich werden nur Übungen ausgewählt und/oder Aufgaben gestellt, die von allen Mädchen und Jungen zumindest in der Grobform ausgeführt werden können.
- Die Übungen sollten möglichst einwandfrei zu kontrollieren sein, d. h. der Schüler selbst oder der Partner muss erkennen können, ob die Übung korrekt ausgeführt worden ist. Dieser Anspruch ist nicht immer ganz leicht umzusetzen, weil dadurch auch die Auswahl von geeigneten Übungen manchmal eingeschränkt wird.

Klar kontrollierbar:

Ein Schlusssprung auf einen kleinen Kasten ist eindeutig zu kontrollieren, d. h. der Schüler springt mit beiden Füßen ab und landet mit beiden Füßen auf der Lederfläche des kleinen Kastens.

Nicht immer ganz eindeutig zu kontrollieren:

Liegestütz rücklings an der Bank, die Knie sind leicht gebeugt, die Füße haben vollen Bodenkontakt.

Beugen der Arme, bis das Gesäß fast den Boden berührt, danach die Arme wieder strecken.

Bei dieser Übung kann es passieren, dass manche Schüler die Arme nur flüchtig beugen und dann schon wieder in die Streckung übergehen!

Stationenlernen im Sportunterricht der Grundschule

Funktionalität der Übungen

Auch beim Stationenlernen sollte darauf geachtet werden, dass physiologisch richtig geübt wird und nur Übungen ausgewählt werden, die nicht zu Fehlbelastungen des Bewegungsapparates (Gelenke, Bandscheiben, Sehnen, Bänder) führen.

Beispiele: So ist es funktionell richtig

- Kniebeugen, bis die Oberschenkel fast die Waagerechte erreicht haben, nicht tiefer absenken. Dann langsam wieder strecken und in die Ausgangsstellung zurückkommen. Die Füße haben immer vollen Bodenkontakt.
- Den Oberkörper nur bis zur Waagerechten anheben, sonst Hohlkreuzbildung und starke Bandscheibenbelastung. Dann wieder langsam absenken in die Ausgangsposition.

Planung und Vorbereitung des Stationenlernens

Das Stationenlernen ist sehr planungsintensiv und sein Erfolg hängt in hohem Maße von der Qualität der Vorbereitung ab. Um Stationenlernen erfolgreich im Sportunterricht durchzuführen, bedarf es einer guten und sorgfältigen Vorbereitung. Das Stationenlernen nimmt die Lehrkraft in besonderer Weise, z. B. besteht Unfallrisiko an den Stationen, „in die Pflicht".

Manche Beispiele erfordern einen hohen Materialaufwand, der nicht immer von allen Klassen und Lehrern geleistet werden kann. Stationenlernen unter Einsatz von Handgeräten ist schnell zu organisieren. Der Einsatz von Großgeräten ist häufig für die Schüler motivierender, benötigt aber wesentlich mehr Zeit für den Aufbau/die Vorbereitung. Es hat sich bewährt, ein "gemischtes Angebot" in Form der Stationen zusammenzustellen, z. B. eine „aufwendige Station" (Großgeräte) und mehrere schnell organisierbare Stationen mit Handgeräten innerhalb eines Programms.

Unter Berücksichtigung der folgenden Punkte trifft der Sportlehrer vor Ort seine Entscheidungen und wählt für die angedachten Ziele/Inhalte die entsprechende Form des Stationenlernens (geschlossenes Stationenlernen, offenes Stationenlernen, Stationenlernen mit unterteilten Stationen):

- örtliche Gegebenheiten wie Sporthalle, Gymnastikraum, Ausstattung mit Hand- und Großgeräten, Alleinnutzung oder Doppelnutzung etc.;
- fachliche und individuelle Voraussetzungen der Schüler (noch keine Erfahrungen mit dem Stationenlernen, die Schüler kennen das Stationenlernen schon aus dem Zirkel-Training, insgesamt eine leistungsstarke Klasse mit guten Voraussetzungen oder eine insgesamt mehr leistungsschwache Klasse mit geringen Bewegungserfahrungen usw.);
- die zur Verfügung stehende Zeit (Einzelstunde von 45 min, Doppelstunde von 90 min oder eine ganz andere Zeitvorgabe) …

4 Stationenlernen im Sportunterricht der Grundschule

Beispiele: Teilaufgaben zur Sprungkraftschulung – an 4 Stationen

1) Aus dem Stand neben der Bank Schlusssprünge über die Bank zur anderen Seite. Kurzes Zwischenfedern und erneuter Schlusssprung zurück über die Bank.

2) Aus dem Grätschstand über der Turnbank mit kräftigem Armeinsatz Schlusssprung auf die Sitzfläche der Bank. Danach wieder in den Grätschstand springen usw.

3) Mit unterstützendem Armeinsatz Schlusssprünge auf den kleinen Kasten. Anschließend wieder auf den Boden zurück und erneut auf den kleinen Kasten springen.

4) Schlusssprünge in den offenen Kasten und danach wieder heraus.

Der Lernraum ist in der Regel die Sporthalle oder ein ähnlich großer Raum, in dem ausreichend Platz für den Aufbau der Stationen vorhanden ist. Auch die Durchführung im Freien (auf dem Sportplatz oder dem Schulhof) ist möglich.

Ein Übersichtsplan zeigt, wo die Stationen liegen (aufgebaut werden):

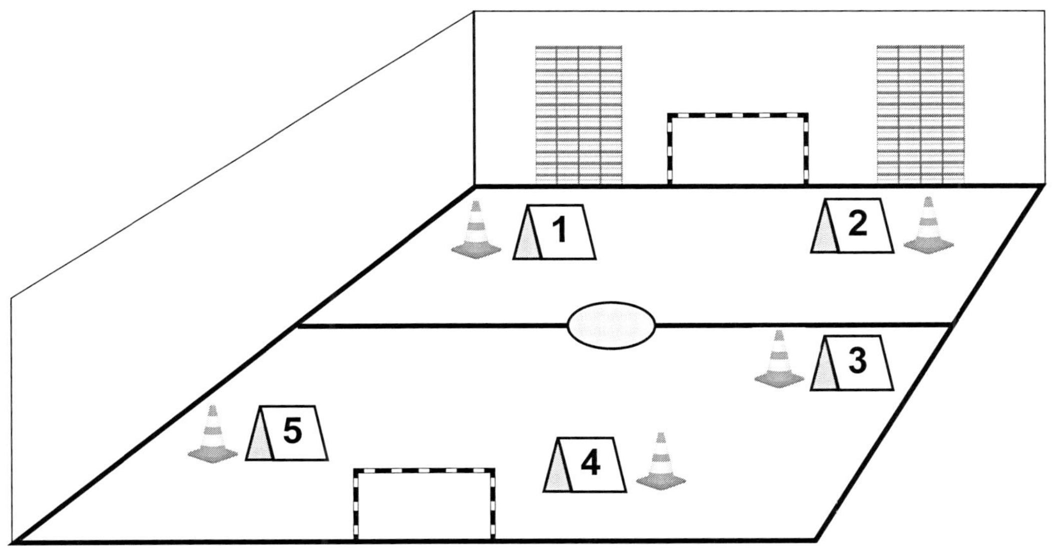

- Die Stationen sind feste, ausgewiesene Orte in der Sporthalle, die durch Pylone oder Pappschilder gekennzeichnet und meistens zusätzlich schon durch die aufgebauten oder ausgelegten Geräte erkennbar sind.
- An der Station selbst liegen in der Regel die Stationskarten mit der Übungsbeschreibung/Aufgabenstellung und der veranschaulichenden Abbildung. Jede Station bietet eine Teilaufgabe zum ausgewählten Schwerpunktthema.

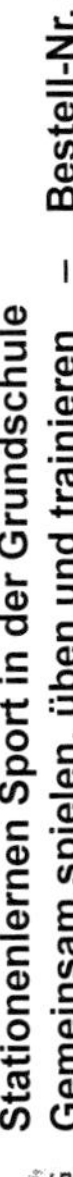

4 Stationenlernen im Sportunterricht der Grundschule

Gerade im Sportunterricht muss sich die Lehrkraft darüber im Klaren sein, dass das Stationenlernen wegen seiner Offenheit gewisse Gefahren mit sich bringt. Die Besonderheiten/ Gefahren liegen in der Ausführung der Übungen selbst und ergeben sich zum anderen natürlich durch den zusätzlichen Einsatz von Hand- und Großgeräten.

Stationenlernen in der Praxis – Checkliste

- Informiere die Schüler über das anstehende aktuelle Stationenarbeitsthema, z. B. „Schulen der Grundtätigkeit Balancieren".
- Baue die Stationen laut Übersichtsplan gemeinsam mit den Schülern an den vorgesehenen Plätzen auf.
- Markiere die einzelnen Stationen mit den Stationenschildern und evtl. zusätzlich mit Pylonen.
- Wiederhole kurz die Regeln des Stationenlernens für die Schüler.
- Gib bekannt, ob bei dem aktuellen Thema Einzel-, Partner- oder Gruppenarbeit möglich ist und wie der Partner gefunden und/oder die Gruppenbildung erfolgen kann.
- Informiere die Schüler, wie viel Zeit pro Station zur Verfügung eingeplant ist. Die Übungszeit pro Station beträgt je nach Zielsetzung und Inhalten 20-60 Sekunden oder mehrere Minuten.
- Der Wechsel der Stationen erfolgt in dem vorab besprochenen Zeitintervall. Die Lehrkraft sagt die Zeiten für Belastung und Pause an.
- Wenn erforderlich, werden alle Übungen zu Beginn des Stationenlernens von der Lehrkraft oder von einem Schüler demonstriert. Hier kann der Sportlehrer Hinweise zur Ausführung geben.
- Alle Schüler haben beim ersten Mal ausreichend Zeit, die Übungen zu versuchen – „einzuüben".

Die geplanten/vorbereiteten Stationen werden nach Plan/Laufzettel und/oder nach Wahl durchlaufen:

- Jeder Schüler beginnt an einer anderen Station oder alle Schüler beginnen an derselben Station und teilen sich mit zunehmendem Lernfortschritt auf.
- Jede Übung sollte so oft wie möglich wiederholt werden.
- Jedes Mädchen und jeder Junge zählt evtl. seine Wiederholungen und trägt die erzielten Ergebnisse evtl. auf einem vorbereiteten Laufzettel ein.
- Die Lehrkraft begleitet die Schüler mit Korrekturen zur Ausführung und motivierenden Hinweisen.
- Evtl. kann bei manchen Programmen Musik zur Unterstützung eingesetzt werden.

5 Hinweise zum Gebrauch dieses Buches

Dieses Buch zeigt die vielfältigen Möglichkeiten des Stationenlernens im Sportunterricht der Grundschule auf. Die exemplarisch genannten Beispiele sind praxiserprobt, müssen jedoch immer unter Beachtung der eigenen Klasse/Gruppe und der sächlichen Voraussetzungen evtl. modifiziert werden. Die hier genannten Beispiele sind Anregungen, die der Sportlehrer vor Ort verändern und ergänzen kann.

Alle Beispiele sind den folgenden 4 Themenbereichen zugeordnet, wobei sich natürlich auch immer Überschneidungen ergeben. Stationenlernen im Sportunterricht der Grundschule ist sinnvoll, um ...

1. **Konditionelle Fähigkeiten** zu schulen und zu verbessern;
2. **Koordinative Fähigkeiten** zu schulen und zu verbessern;
3. **Grundtätigkeiten** anzuwenden und zu verbessern;
4. **Turnerische und leichtathletische Grundformen** zu lernen und zu üben.

Schon in der Inhaltsübersicht werden die Beispiele zum Stationenlernen nach diesen 4 Schwerpunkten angeordnet sowie die Anzahl der Stationen und die speziellen fachlichen Schwerpunkte genannt. Dadurch wird es dem Sportlehrer erleichtert, eine Auswahl für seine Klasse/Gruppe zu treffen. Nachdem diese erste Auswahl getroffen worden ist, sieht sich der Sportlehrer das Beispiel in seiner ausführlichen Form an. Nun kann er prüfen, ob er dieses Beispiel so übernehmen kann oder ob er Veränderungen bei den Stationen und/oder bei der Anordnung der Stationen vornehmen muss, damit es für seine Klasse/Gruppe passt.

In der Regel wird das Stationenlernen in einer ganz normalen Sporthalle stattfinden, d. h. der Sportlehrer und evtl. auch die Schüler kennen die Übungsstätte aus vorherigen Sportstunden. Diese Kenntnis ist nicht ganz unwichtig, wenn man dabei an die Anordnung der einzelnen Stationen denkt. Deshalb gehen die hier vorgestellten Beispiele auch von den Möglichkeiten und von der Ausstattung einer ganz „normalen Sporthalle“ aus.

Einfachsporthalle: 15,00 m • 27,00 m • 5,50 m

Aufgrund meiner langjährigen praktischen Unterrichtserfahrung mit dem Stationenlernen im Fach Sport empfehle ich, zunächst Angebote in Form des geschlossenen Stationenlernens zu wählen, damit sich die Schüler an diese Form des Lernens erinnern oder sie mit dieser Methode vertraut gemacht werden. Ganz wichtig sind natürlich immer auch die Vorerfahrungen des Sportlehrers mit dem Stationenlernen: Ist ihm diese Methode bekannt oder betritt er Neuland?

Weitere wichtige Überlegungen ...

- Wieviel Stationen sind für das ausgewählte Thema angedacht bzw. sinnvoll?
- Findet das Stationenlernen in Einzel-, Partner- oder Gruppenarbeit statt?
- Sind ausreichend Geräte an jeder Station vorhanden? Kann die geplante Station mit ausreichend Geräten ausgestattet werden?
- Wie können Staus an den einzelnen Stationen verhindert werden?

5 Hinweise zum Gebrauch des Buches

Erfahrungsgemäß hat es sich bewährt …

- mit 3-5 Stationen und einer festen Reihenfolge zu beginnen;
- zunächst Aufgaben zu stellen, die von den Schülern ohne Probleme ausgeführt und oft wiederholt werden können;
- die jeweilige Station mit Geräten so auszustatten, dass ein Stau vermieden wird;
- erst dann die Anzahl der Stationen zu erhöhen, die Aufgabenstellung anspruchsvoller und Wahlmöglichkeiten anzubieten, wenn die Schüler sicherer im Ablauf des Stationenlernens geworden sind …

Beim Einsatz von Großgeräten wie Barren und Recke bzw. aufwendig gestalteten Stationen kann es manchmal zu Staus kommen. Um dies zu verhindern bzw. aufzufangen, werden manchmal zusätzlich sog. „Pufferstationen" angeboten, an der die Schüler die „Wartezeit" übend verbringen können.

Die Beispiele in diesem Buch berücksichtigen die oben genannten Überlegungen, die bei der praktischen Umsetzung des Stationenlernens unbedingt beachtet werden müssen, um einen reibungslosen Ablauf zu gewährleisten. Alle in diesem Buch genannten Beispiele weisen das gleiche Muster auf und haben damit einen hohen Wiedererkennungswert für alle, die sich damit beschäftigen.

Im Titel stehen **die Stationenzahl und das Thema** bzw. der fachliche Schwerpunkt:

Vier Stationen: Schulen der Gewandtheit, Kräftigen von Arm- und Beinmuskulatur.

Darunter folgt **der hilfreiche erläuternde Text,** der wichtige Punkte nennt, die bei der Durchführung dieses Beispiels beachtet werden sollten.

Das folgende Beispiel erfordert einen großen Materialaufwand und benötigt durch den Aufbau der Recke mehr Zeit. Der Sportlehrer sollte die Kastenteile und kleinen Kästen schon im Geräteraum bereitstellen, sodass die Schüler diese Geräte schnell an die richtige Stelle bringen können.

Es folgt **eine Auflistung der benötigten Geräte.**

Bei 24 Schülern und 4 Stationen werden insgesamt 2 Recke, 1 Turnbank, 5-6 kleine Kästen, 4-5 Kastenteile benötigt.

Es schließen sich ***weitere wichtige Hinweise*** an, die für die Durchführung dieses Beispiels bedeutsam sind.

- ✓ Geschlossenes Stationenlernen an 4 Stationen in Einzelarbeit.
- ✓ An jeder Station können 4-6 Schüler gleichzeitig üben.
- ✓ Nachdem die Stationen (siehe Plan) aufgebaut worden sind, werden die einzelnen Stationen noch einmal gemeinsam durchgegangen, damit alle Schüler wissen, was an jeder Station gemacht werden soll.
- ✓ Zusätzlich werden Karten mit Aufgabe und Abbildung an den Stationen ausgelegt, sodass sich die Schüler evtl. noch einmal die Aufgabe durchlesen und den Bewegungsablauf ansehen können.
- ✓ Die Stationen sind durch Pappschilder und/oder Pylone markiert.
- ✓ Der Sportlehrer gibt durch Ansage oder Signal die Übungszeiten vor.
- ✓ Jeder Schüler sucht sich zu Beginn eine Station aus, an der begonnen wird. Danach muss die vorgesehene Reihenfolge eingehalten werden, d. h. nach Station 1 kommt Station 2, nach Station 4 kommt Station 1 usw.
- ✓ Die erzielten Ergebnisse können evtl. auf einem Laufzettel eingetragen werden.

5 Hinweise zum Gebrauch des Buches

Es folgt einen Skizze, die die geplante **Anordnung der Stationen und der benötigten Geräte** verdeutlicht. Natürlich muss dieser Vorschlag an die örtlichen Gegebenheiten angepasst werden.

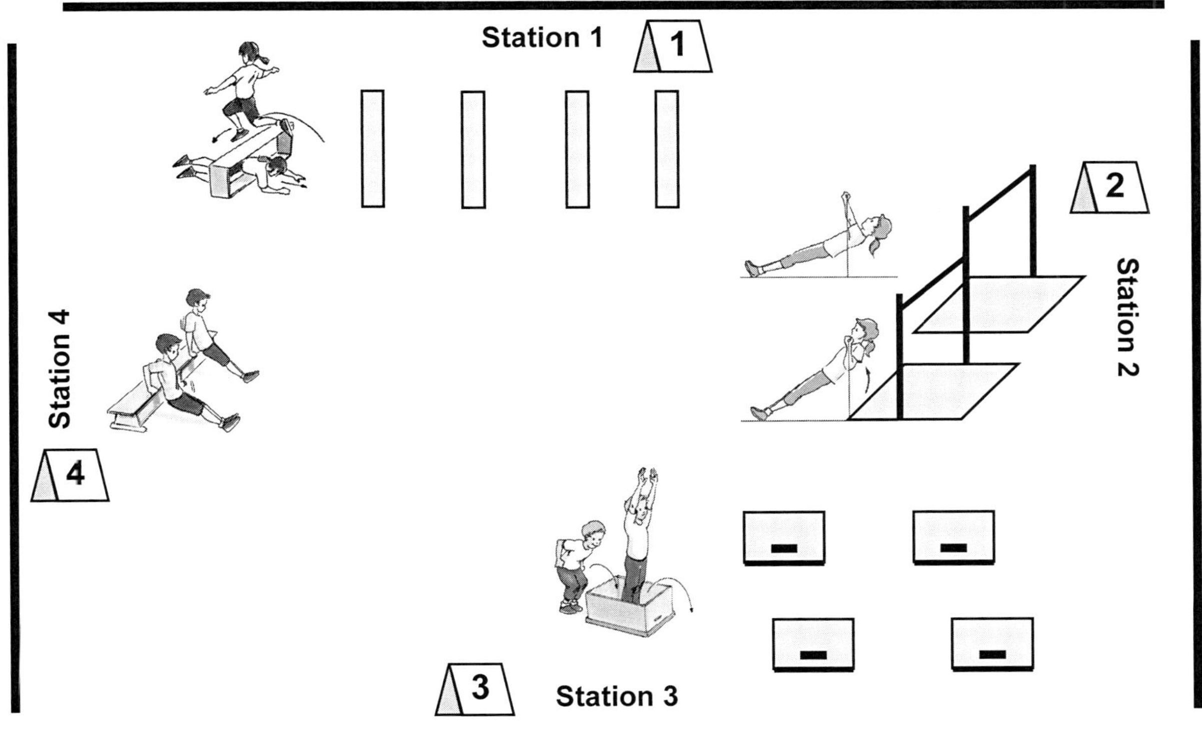

Anschließend folgt für jede einzelne Station:
die Aufgabe und eine Abbildung, die den jeweiligen Bewegungsablauf zeigt.

Station 1

Aufgabe: Springe erst über das Kastenteil und krieche anschließend hindurch. Richte dich danach wieder auf und springe erneut darüber usw.

Wertung: jedes Durchkriechen = 1 Punkt

Zu einfach?

Springe mit einem Schlusssprung über das Kastenteil.
Material: Kastenteil

Bei den meisten Stationen wird auch **eine Wertung** der jeweiligen Aufgabe/Übung vorgeschlagen. So ist es möglich, die erzielten Ergebnisse auf einem Extrablatt einzutragen und langfristig zu vergleichen.

Besonders beachtenswert ist auch der Hinweis unter **„Zu einfach?“** Hier werden Vorschläge gemacht, wie die eigentliche Aufgabe verändert und anspruchsvoller ausgeführt werden kann. Dadurch wird ein zusätzliches Angebot für leistungsstärkere Schüler gemacht.

6 Stationenlernen in der Übersicht

	Nr.	Anzahl Stationen	Thema/Schwerpunkt	Seite
			1. Insgesamt 20 Stationen	
Kondition	1.1	4	**Kräftigen der Bein-, Rücken-, Bauch- und Armmuskulatur** *Geräte: 3 Turnbänke, 3 Kastenteile, 4 Basketbälle, 4 Turnmatten*	20-21
	1.2	4	**Kräftigen der Hauptmuskelgruppen in Partnerarbeit** *Geräte: 6 Matten, 3 kleine Kästen, 3 Kastenteile, 3 Teppichfliesen, 3 Medizinbälle (Basketbälle), 6 Gymnastikbälle*	22-23
	1.3	4	**Gewandtheit schulen, Kräftigen der Arm- und Beinmuskulatur** *Geräte: 2 Recke, 1 Turnbank, 4 kleine Kästen, 4 Kastenteile*	24-25
	1.4	4	**Hauptmuskelgruppen kräftigen – Pflicht- und Wahlkreis** *Geräte: 8 kleine Kästen, 2 Turnbänke, 3 Kastenteile, 6 Basketbälle, 4 Medizinbälle*	26-27
	1.5	4	**Kräftigen der Hauptmuskelgruppen in Vierergruppen** *Geräte: 4 kleine Kästen, 4 Kastenteile*	28-29
			2. Insgesamt 24 Stationen	
Koordination	2.1	5	**Sich anpassen, orientieren und richtig reagieren** *Geräte: 1 Turnbank, 5 kleine Kästen, 15 Gymnastikreifen, 5 Stäbe aus Holz, 25 Bälle*	30-31
	2.2	5	**Gegenstände und sich selbst im Gleichgewicht halten** *Geräte: 3 Turnbänke, 3 Kastenteile, 6 Gymnastikstäbe, 1 Tau, 2 Pylone, 9 Bälle*	32-33
	2.3	5	**Sich mit Bällen orientieren und anpassen** *Geräte: 20 Gymnastikbälle, 5 Tennisbälle, 5 Gymnastikreifen, 2-4 Pylone, 1 Turnbank, 5 Joghurtbecher/kleine Pylone*	34-35
	2.4	5	**Schulen koordinativer Fähigkeiten in Partnerarbeit** *Geräte: 15 Gymnastikbälle, 3 Gymnastikreifen, 3 kleine Kästen, 6 Joghurtbecher, 3 Tennisbälle, 3 Handtücher*	36-37
	2.5	4	**Schulen koordinativer Fähigkeiten in Dreiergruppen** *Geräte: 2 Turnbänke, 4 Kastenteile, 4 Gymnastikreifen, 6 Gymnastik- oder Basketbälle*	38-39

6 Stationenlernen in der Übersicht

	Nr.	Anzahl Stationen	Thema/Schwerpunkt	Seite
			3. Insgesamt 19 Stationen	
Grundtätigkeiten	3.1	4	**Hüpfen/Springen – Heben/Tragen anwenden und verbessern** *Geräte: 9 Gymnastikstäbe, 3 Kastenteile, 3 Bälle, 2 Pylone, 3 Springseile*	40-41
	3.2	4	**Balancieren und im Gleichgewicht bleiben** *Geräte: 10 kleine Kästen, 4 Kastenteile, 2 Matten, 4 Reckstangen, 1 Stützbarren, 16-24 Pylone*	42-43
	3.3	4	**Stützen, Hüpfen und Springen in Kombination anwenden** *Geräte: 2 Turnbänke, 1 großer Kasten (drei-/vierteilig), 2-3 Gymnastikreifen, 7-8 kleine Kästen, 4-6 Medizinbälle, 4 Pylone*	44-45
	3.4	3	**Stützen, Hängen und Schwingen mit „Pufferstation"** *Geräte: 1 Turnbank, 6 Taue, 1-2 Weichböden, 2 Recke (brusthoch und kopfhoch), 2 Stützbarren, 8-10 Matten, 4 kleine Kästen, 4 Stäbe, 4 Reifen, 4 Gymnastikbälle*	46-47
	3.5	4	**Schwingen, Stützen, Springen – Pflicht- und Wahlkreis** *Geräte: 6 Taue, 1-2 Weichböden, 3 Turnbänke, 2 Stützbarren, 4 kleine Kästen, 8 Turnmatten, 4 Springseile*	48-49
			4. Insgesamt 24 Stationen	
Turnerische/leichtathletische Grundformen	4.1	5	**Lernen und Üben der Hockwende** *Geräte: 4 Turnbänke, 3 kleine Kästen, 1 großer (vierteiliger) Kasten, 1 Sprungbrett, 2 Turnmatten*	50-51
	4.2	5	**Lernen und Üben des Handstands** *Geräte: 3 Turnbänke, 6-8 Turnmatten*	52-53
	4.3	4	**Lernen und Üben des Aufschwungs (Hüftaufschwung)** *Geräte: 1 Stufenbarren, 3 Recke, 1 großer Kasten, 1 Kastendeckel, 1 Sprungbrett, 6-8 Turnmatten, 1 Turnbank, 4-6 Reifen*	54-55
	4.4	4	**Lernen und Üben der Grätsche über den Bock** *Geräte: 2 Böcke, 4 Turnmatten, 2 Sprungbretter, 6 kleine Kästen, 2 Reifen, 9 Pylone*	56-57
	4.5	6	**Auf dem Sportplatz – leichtathletische Grundlagenschulung** *Geräte: Geländer am Sportplatz, Treppenstufen (im Stadion), Weitsprunggrube, Schlagbälle, Pylone*	58-59

1. Konditionelle Fähigkeiten schulen und verbessern

1.1 Vier Stationen: Kräftigen der Bein-, Rücken-, Bauch- und Armmuskulatur

Das folgende Beispiel erfordert einen mittleren Materialaufwand und benötigt etwas mehr Zeit für den Aufbau. Evtl. sollte der Sportlehrer die Kastenteile schon im Geräteraum bereitgelegt haben.

Bei 24 Schülern und 4 Stationen werden insgesamt 4 Matten, 3 Turnbänke, 3 Kastenteile und 4 Basketbälle benötigt.

- ✓ Geschlossenes Stationenlernen an 4 Stationen in Einzelarbeit.
- ✓ **An jeder Station können 4-6 Schüler gleichzeitig üben.**
- ✓ Nachdem die Stationen (siehe Plan) aufgebaut worden sind, werden die einzelnen Stationen noch einmal gemeinsam durchgegangen, damit alle Schüler wissen, was an jeder Station gemacht werden soll.
- ✓ Zusätzlich werden Karten mit Aufgabe und Abbildung an den Stationen ausgelegt, sodass sich die Schüler evtl. noch einmal die Aufgabe durchlesen und den Bewegungsablauf ansehen können.
- ✓ Die Stationen sind durch Pappschilder und/oder Pylone markiert.
- ✓ Der Sportlehrer gibt durch Ansage oder Signal die Übungszeiten vor.
- ✓ Jeder Schüler sucht sich zu Beginn eine Station aus, an der begonnen wird. Danach muss die vorgesehene Reihenfolge eingehalten werden, d. h. nach Station 1 kommt Station 2, nach Station 4 kommt Station 1 usw.
- ✓ Die erzielten Ergebnisse können evtl. auf einem Laufzettel eingetragen werden.

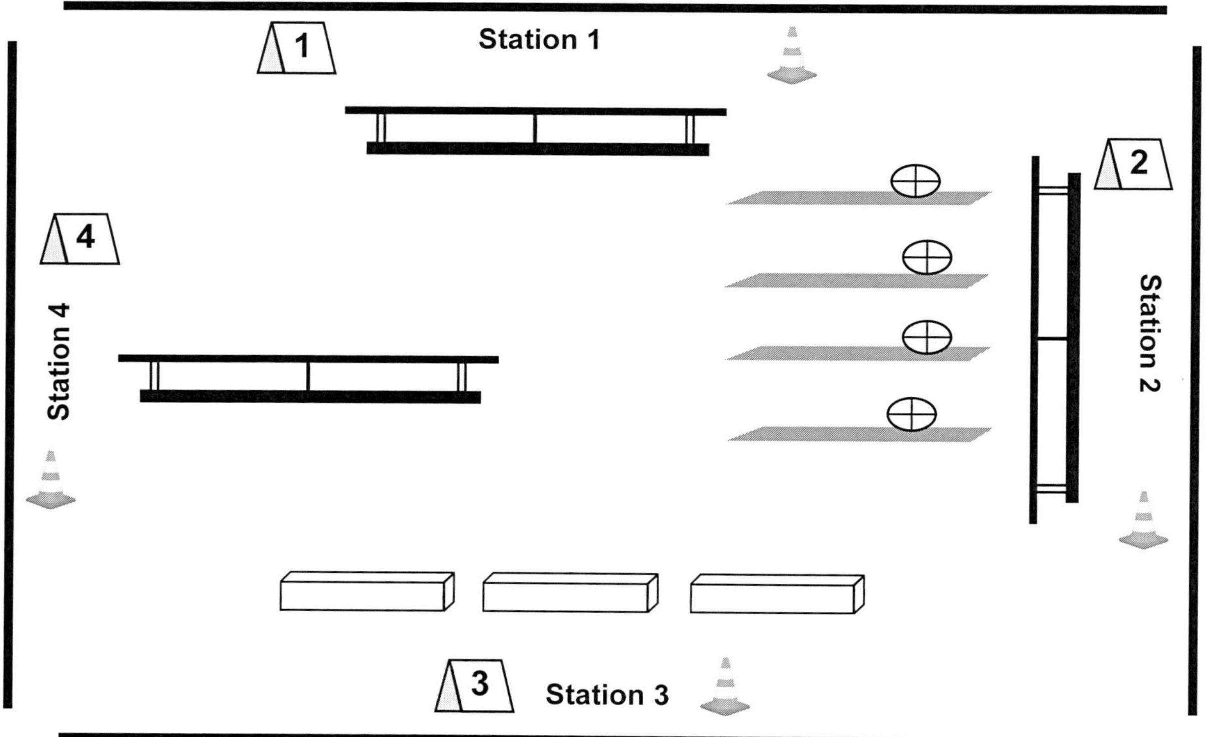

1. Konditionelle Fähigkeiten schulen und verbessern

1.1 Vier Stationen: Kräftigen der Bein-, Rücken-, Bauch- und Armmuskulatur

Station 1

Aufgabe: Springe mit einem Schlusssprung über die Bank auf die andere Seite. Kurzes Zwischenfedern und erneuter Schlusssprung über die Bank.

Wertung: jeder Sprung auf die andere Seite = 1 Punkt

Zu einfach?
Springe ohne Zwischenhüpfer.

Material: 1-2 Turnbänke

Station 2

Aufgabe: Gehe in die Bauchlage auf einer Matte (Abstand zur Bank ca. 2-3 m), die Schultern schließen mit der Mattenkante ab.

Hebe den Oberkörper und die Arme vom Boden ab und stoße den Basketball mit beiden Händen kräftig weg, sodass er gegen die umgekippte Sitzfläche der Bank rollt und anschließend wieder zum Ausgangspunkt zurückkommt. Annahmebereit sein und gleich wieder wegstoßen.

Wertung: jede erfolgreiche Ballannahme nach Rücklauf des Balles = 1 Punkt

Zu einfach?
Vergrößere den Abstand zur Bank.

Material: 1 Turnbank, 4 Matten

Station 3

Aufgabe: Im Strecksitz, Füße auf dem Kastenteil:

Hebe deine Beine an mit sofortigem Anhocken und anschließendem Strecken in die Kastenteilöffnung (die Füße dabei nicht ablegen). Danach wieder Anhocken und Strecken der Beine mit anschließendem kurzen Ablegen auf dem Kastenteil usw.

An jedem Kastenteil können 2 Schüler üben.

Wertung: jede Kastenteilberührung mit den Füßen = 1 Punkt

Zu einfach?
Lege deine Beine nicht mehr auf dem Kastenteil ab.

Material: Kastenteil

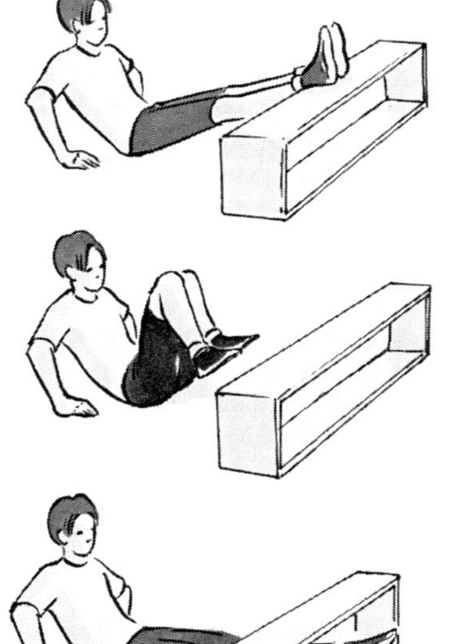

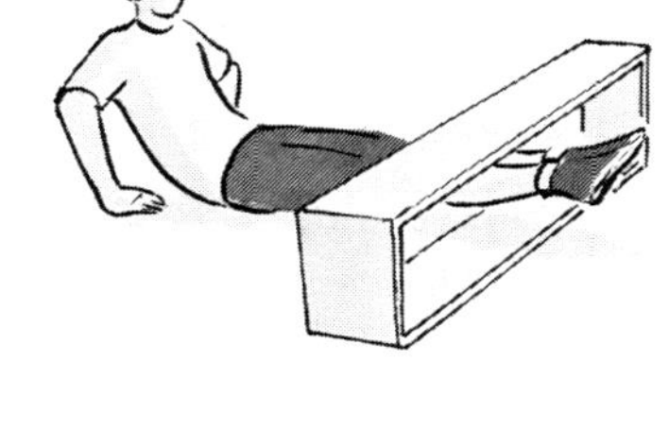

Station 4

Aufgabe: Im Liegestütz vor der Bank:

Setze erst eine Hand auf die Sitzfläche der Bank, dann die andere. Anschließend wieder eine Hand auf den Boden zurückführen, danach sofort die andere usw. Der Körper ist fast gestreckt, die Beine sind zusammen.

Wertung: beide Hände auf der Sitzfläche der Bank = 1 Punkt

Zu einfach?
Hebe ein Bein vom Boden ab.

Material: Turnbank

1. Konditionelle Fähigkeiten schulen und verbessern

1.2 Vier Stationen: Kräftigen der Hauptmuskelgruppen in Partnerarbeit

Das folgende Beispiel erfordert einen größeren Materialaufwand und benötigt deshalb etwas mehr Zeit für den Aufbau. Evtl. sollte der Sportlehrer die Kastenteile und kleinen Kästen schon vorher im Geräteraum bereitstellen.

Bei 24 Schülern und 4 Stationen werden insgesamt 6 Matten, 3 kleine Kästen, 3 Medizinbälle (Basketbälle), 6 Gymnastikbälle, 3 Kastenteile und 3 Teppichfliesen benötigt.

- ✓ Geschlossenes Stationenlernen an 4 Stationen in Partnerarbeit. Zwei etwa gleich große und schwere Partner finden sich zusammen.
- ✓ **An jeder Station können 4-6 Schüler gleichzeitig üben.**
- ✓ Nachdem die Stationen (siehe Plan) aufgebaut worden sind, werden die einzelnen Stationen noch einmal gemeinsam durchgegangen, damit alle Schüler wissen, was an jeder Station gemacht werden soll.
- ✓ Zusätzlich werden Karten mit Aufgabe und Abbildung an den Stationen ausgelegt, sodass sich die Schüler evtl. noch einmal die Aufgabe durchlesen und den Bewegungsablauf ansehen können.
- ✓ Die Stationen sind durch Pappschilder und/oder Pylone markiert.
- ✓ Der Sportlehrer gibt durch Ansage oder Signal die Übungszeiten vor.
- ✓ Jedes Paar sucht sich zu Beginn eine Station aus, an der begonnen wird. Danach muss die vorgesehene Reihenfolge eingehalten werden, d. h. nach Station 1 kommt Station 2, nach Station 4 kommt Station 1 usw.
- ✓ Die erzielten Ergebnisse können evtl. auf einem Laufzettel eingetragen werden.

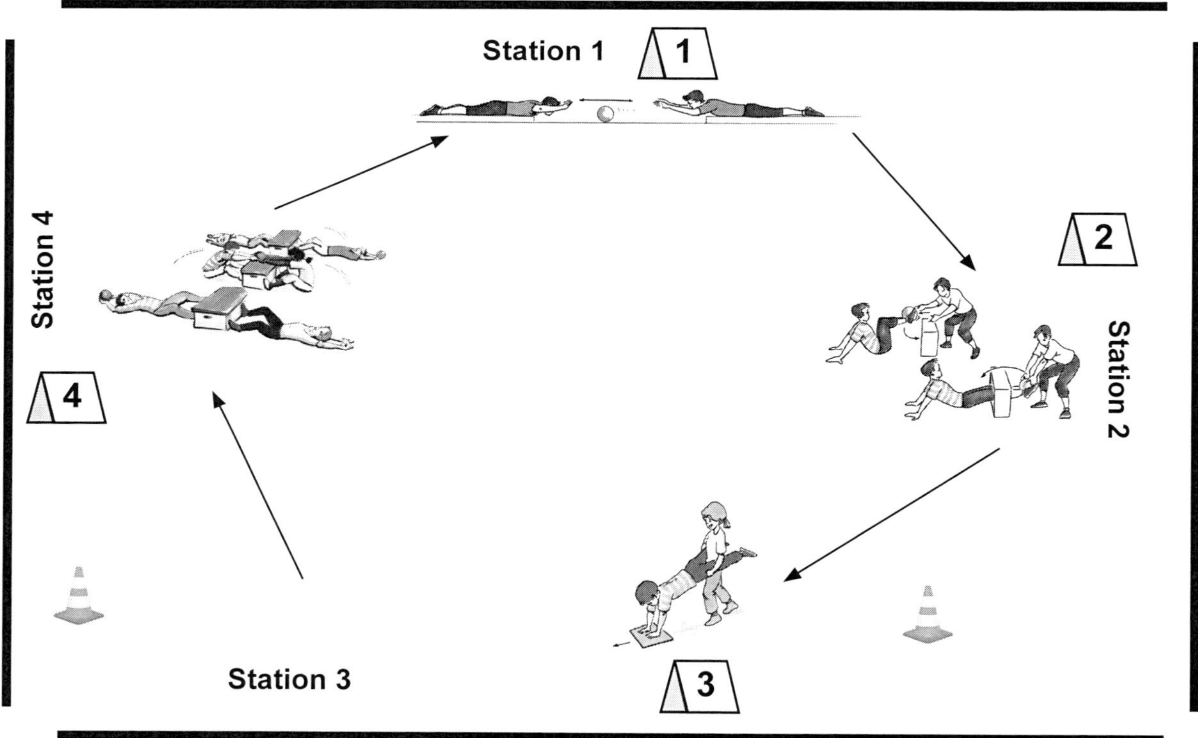

1. Konditionelle Fähigkeiten schulen und verbessern

1.2 Vier Stationen: Kräftigen der Hauptmuskelgruppen in Partnerarbeit

Station 1

Aufgabe: Zu zweit in Bauchlage mit Abstand gegenüber:

Hebe den Oberkörper und die Arme vom Boden ab und stoße den Medizinball (Basketball) zum Partner. Dieser nimmt den Ball an und stößt ihn ebenso zurück.

Wertung: jeder angenommene Ball = 1 Punkt

Zu einfach?
Vergrößert den Abstand zwischen euch.

Material: 2 Matten als Unterlage, 1 Medizinball (Basketball) je Paar

Station 2

Aufgabe: Führe deine Beine im Strecksitz über das Kastenteil und nehme dort den angereichten Ball mit beiden Füßen an. Hocke danach deine Beine an und führe sie mit anschließendem Strecken in die Kastenteilöffnung, um dort den Ball dem Partner zu übergeben. Führe deine Beine danach wieder über das Kastenteil usw.

5-7mal wiederholen, dann Rollentausch vornehmen.

Wertung: jeder angenommene Ball = 1 Punkt

Zu einfach?
Nimm einen etwas größeren oder schwereren Ball.

Material: 1 Kastenteil und 1 Ball je Paar

Station 3

Aufgabe: Schüler A geht in den Liegestütz vorlings mit leicht gegrätschten Beinen und stützt sich mit seinen Händen auf einer Teppichfliese ab. Der Partner fasst ihn möglichst weit oben an den Oberschenkeln und schiebt ihn so langsam vorwärts – bis zur gegenüber stehenden Pylone (10-15 m entfernt).

Danach erfolgt Rollentausch.

Wertung: jede Teilstrecke = 1 Punkt

Zu einfach?
Verlängere die Übungsstrecke – um die Pylone herum und wieder zurück.

Material: 1 Teppichfliese je Paar

Station 4

Aufgabe: Setzt euch im leicht angedeuteten Grätschsitz mit den Füßen zueinander zum kleinen Kasten, die Füße berühren dabei den Kasten.

Schüler A hat einen Ball in den Händen und geht damit zunächst in die Rückenlage und übergibt den Ball anschließend beim Vorbeugen auf der Oberfläche des Kastens an seinen Partner. Dieser geht nun in die Rückenlage usw.

Wertung: jeder angenommene Ball = 1 Punkt

Zu einfach?
Grätschsitz mit fast gestreckten Beinen

Material: 1 kleiner Kasten und 1 Ball je Paar

1. Konditionelle Fähigkeiten schulen und verbessern

1.3 Vier Stationen: Gewandtheit schulen, Kräftigen der Arm- und Beinmuskulatur

Das folgende Beispiel erfordert einen großen Materialaufwand und benötigt durch den Aufbau der Recke mehr Zeit. Der Sportlehrer sollte die Kastenteile und kleinen Kästen schon im Geräteraum bereitstellen, sodass die Schüler diese Geräte schnell an die richtige Stelle bringen können.

Bei 24 Schülern und 4 Stationen werden insgesamt 2 Recke, 1 Turnbank, 4 kleine Kästen, 4 Kastenteile benötigt.

- ✓ Geschlossenes Stationenlernen an 4 Stationen in Einzelarbeit.
- ✓ **An jeder Station können 4 Schüler gleichzeitig üben.**
- ✓ Nachdem die Stationen (siehe Plan) aufgebaut worden sind, werden die einzelnen Stationen noch einmal gemeinsam durchgegangen, damit alle Schüler wissen, was an jeder Station gemacht werden soll.
- ✓ Zusätzlich werden Karten mit Aufgabe und Abbildung an den Stationen ausgelegt, sodass sich die Schüler evtl. noch einmal die Aufgabe durchlesen und den Bewegungsablauf ansehen können.
- ✓ Die Stationen sind durch Pappschilder und/oder Pylone markiert.
- ✓ Der Sportlehrer gibt durch Ansage oder Signal die Übungszeiten vor.
- ✓ Jeder Schüler sucht sich zu Beginn eine Station aus, an der begonnen wird. Danach muss die vorgesehene Reihenfolge eingehalten werden, d. h. nach Station 1 kommt Station 2, nach Station 4 kommt Station 1 usw.
- ✓ Die erzielten Ergebnisse können evtl. auf einem Laufzettel eingetragen werden.

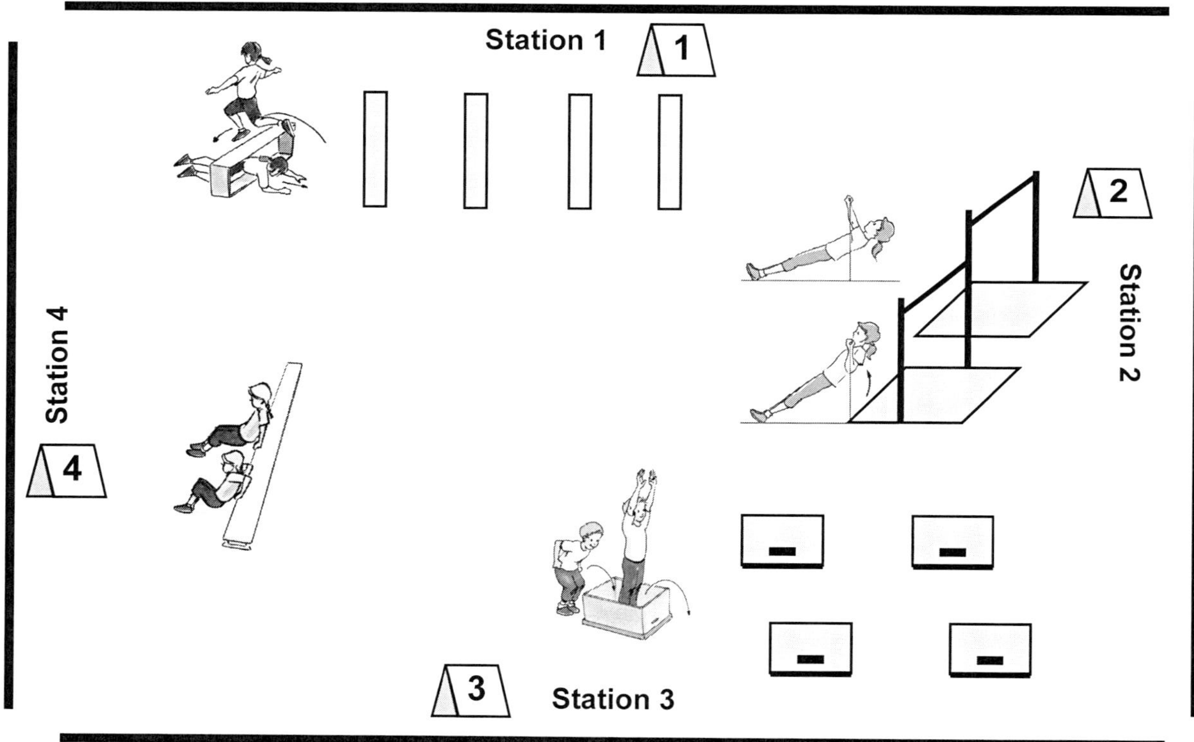

Stationenlernen Sport in der Grundschule

Station 1

Aufgabe: Springe erst über das Kastenteil und krieche anschließend hindurch. Richte dich danach wieder auf und springe erneut darüber usw.

Wertung: jedes Durchkriechen = 1 Punkt

Zu einfach?
Springe mit einem Schlusssprung über das Kastenteil.

Material: Kastenteil

Station 2

Aufgabe: Fasse mit beiden Händen die Reckstange und setzte die Füße vorne auf, sodass dein Körper in eine Schräglage kommt.

Ziehe nun deine Arme an, sodass du über die Reckstange schauen kannst. Danach die Arme wieder strecken und dann erneut die Arme anziehen.

Wertung: über die Stange schauen = 1 Punkt

Zu einfach?
Hebe einen Fuß dabei leicht vom Boden ab.

Material: Reck, ca. brust- bis kopfhoch

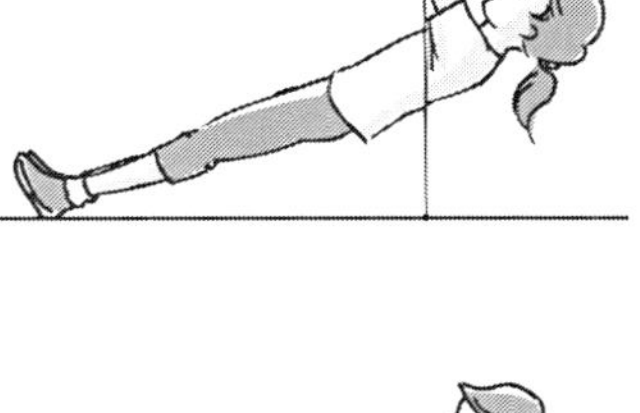

Station 3

Aufgabe: Springe mit einem Schlusssprung in den umgedrehten kleinen Kasten hinein und wieder heraus. Ein kräftiger Armeinsatz unterstützt die Sprünge.

Wertung: jeder Sprung hinein = 1 Punkt

Zu einfach?
Springe seitwärts hinein und wieder heraus.

Material: kleiner Kasten umgedreht

Station 4

Aufgabe: Liegestütz rücklings an der Bank, die Knie sind leicht gebeugt, die Hände stützen sich an der Bankkante ab.

Beuge die Arme, bis dein Gesäß kurz den Boden berührt. Strecke danach wieder die Arme und komme in die Ausgangsstellung zurück. Führe die Bewegung langsam und gleichmäßig aus.

Wertung: jede Bodenberührung = 1 Punkt

Zu einfach?
Hebe einen Fuß etwas vom Boden ab.

Material: Turnbank

Stationenlernen Sport in der Grundschule
Gemeinsam spielen, üben und trainieren – Bestell-Nr. 12 713

1. Konditionelle Fähigkeiten schulen und verbessern

1.4 Vier Stationen: Hauptmuskelgruppen kräftigen – Pflicht- und Wahlkreis

Das folgende Beispiel erfordert aufgrund der Pflicht- und Wahlstationen einen größeren Materialaufwand und benötigt deshalb mehr Zeit für den Aufbau. Günstig ist es, wenn an einem Gerät die Pflicht- und die Wahlaufgabe möglich sind. Die Schüler können an jeder Station zwischen der Pflicht- und der Wahlaufgabe wählen. Es ist auch möglich, erst einen Pflichtdurchgang für alle ausführen zu lassen und im zweiten Durchgang dann auch die Wahlaufgaben anzubieten.

Bei 24 Schülern und 4 Stationen mit Pflicht- und Wahlaufgaben werden insgesamt 8 kleine Kästen, 6 Basketbälle, 4 Medizinbälle, 2 Turnbänke, 3 Kastenteile benötigt.

- ✓ Stationenlernen an 4 Stationen mit unterteilten Stationen.
- ✓ Diese anspruchsvolle Form sollte nur mit Klassen/Gruppen durchgeführt werden, die im Umgang mit dem Stationenlernen geübt sind.
- ✓ **An jeder Station können 4-6 Schüler gleichzeitig üben.**
- ✓ Nachdem die Stationen (siehe Plan) aufgebaut worden sind, werden die einzelnen Stationen durchgegangen und dabei besonders auf die Unterteilung in Pflicht- und Wahlaufgaben hingewiesen.
- ✓ Zusätzlich werden Karten mit Aufgabe und Abbildung an den Stationen ausgelegt, sodass sich die Schüler evtl. noch einmal die Aufgabe durchlesen und den Bewegungsablauf ansehen können.
- ✓ Die Stationen sind durch Pappschilder und/oder Pylone markiert.
- ✓ Der Sportlehrer gibt durch Ansage oder Signal die Übungszeiten vor.
- ✓ Jeder Schüler sucht sich zu Beginn eine Station aus, an der er beginnt, dabei kann er zwischen dem Pflicht- und dem Wahlkreis wählen. Die vorgesehene Reihenfolge sollte eingehalten werden, d. h. nach Station 1 kommt Station 2, nach Station 4 kommt Station 1 usw.
- ✓ Die erzielten Ergebnisse können evtl. auf einem Laufzettel eingetragen werden.

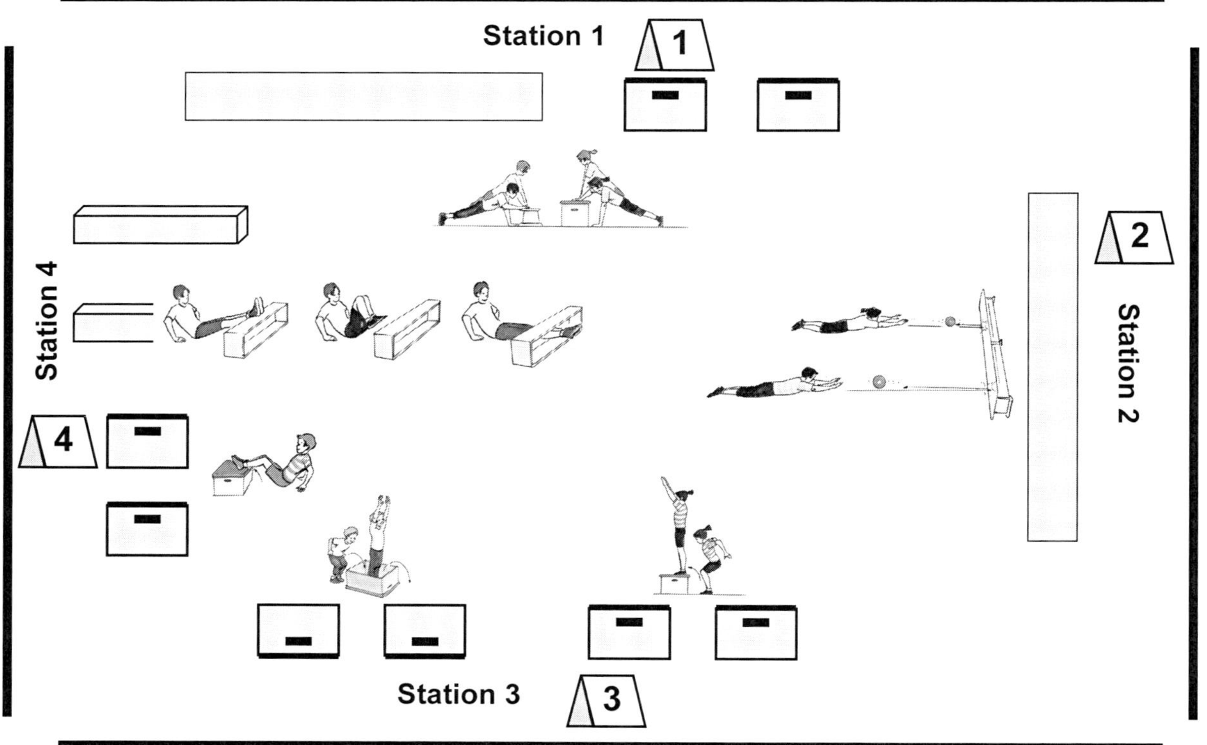

1. Konditionelle Fähigkeiten schulen und verbessern

1.4 Vier Stationen: Hauptmuskelgruppen kräftigen – Pflicht- und Wahlkreis

Station 1

Pflicht-Aufgabe: Stützele mit deinen Händen auf die Sitzfläche der Turnbank, ohne dabei die Füße zu verändern: erst die rechte Hand auf die Bank, dann sofort danach die linke. Anschließend wieder die rechte Hand auf den Boden führen und dann die linke Hand usw.

Wertung: beide Hände auf der Bank = 1 Punkt

Material: Turnbank

Wahl-Aufgabe: Genau wie vorher bei der Bank jetzt mit dem kleinen Kasten üben. An jeder Seite des kleinen Kastens kann ein Schüler üben, insgesamt also zwei.

Wertung: beide Hände auf dem kleinen Kasten = 1 Punkt

Material: kleiner Kasten

Pflicht Wahl

Station 2

Pflicht-Aufgabe: Abstand zur Bank ca. 2 m.

Hebe den Oberkörper und die Arme in der Bauchlage vom Boden ab und stoße den Basketball kräftig und gerade gegen die Sitzfläche der Bank, sodass der Ball zu dir zurückkommt. Nimm ihn an und stoße erneut.

Wertung: Wiederannahme des Balles = 1 Punkt

Material: Basketball, Turnbank

Wahl-Aufgabe: Abstand zur Bank ca. 3-5 m.
Genau wie vorher mit dem Basketball jetzt mit dem Medizinball üben.

Wertung: Wiederannahme des Balles = 1 Punkt

Material: Medizinball, Tur

Pflicht

Wahl

Station 3

Pflicht-Aufgabe: Springe mit einem Schlusssprung auf den kleinen Kasten und anschließend wieder in die Ausgangsstellung zurück. Ein kräftiger Armeinsatz unterstützt den Sprung.

Wertung: beide Füße auf dem kleinen Kasten = 1 Punkt

Material: kleiner Kasten

Wahl-Aufgabe: Springe mit einem kräftigen Schlusssprung in den offenen umgedrehten kleinen Kasten und sofort wieder heraus.

Wertung: beide Füße im kleinen Kasten = 1 Punkt

Material: kleiner Kasten

Pflicht Wahl

Station 4

Pflicht-Aufgabe: Setze dich mit leicht gebeugten Knien vor den kleinen Kasten, deine Hände stützen sich dabei seitlich ab:
Hebe deine Beine an und setze deine Füße kurz auf der Kastenkante ab. Führe anschließend die Füße wieder zum Boden in die Ausgangsstellung zurück.

Wertung: beide Füße auf der Kastenkante = 1 Punkt

Material: kleiner Kasten

Wahl-Aufgabe: Im Strecksitz mit den Füßen auf dem Kastenteil.
Hebe deine Beine an mit sofortigem Anhocken und dann Strecken in die Kastenteilöffnung (die Füße dabei nicht ablegen). Danach wieder Anhocken und Strecken der Beine mit anschließendem kurzen Ablegen auf dem Kastenteil usw.
An jedem Kastenteil können 2 Schüler üben.

Wertung: beide Füße auf der Kastenteilkante = 1 Punkt

Material: Kastenteil

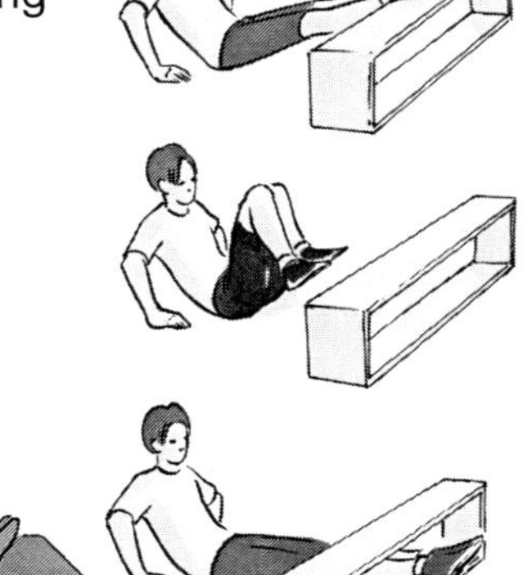

Pflicht Wahl

Stationenlernen Sport in der Grundschule – Bestell-Nr. 12 713
Gemeinsam spielen, üben und trainieren

1. Konditionelle Fähigkeiten schulen und verbessern

1.5 Vier Stationen: Kräftigen der Hauptmuskelgruppen in Vierergruppen

Das folgende Beispiel erfordert einen geringen Materialaufwand und ist schnell organisiert. Es wird wenig Zeit für den Aufbau benötigt. Der Sportlehrer markiert die Stationen durch Pylone und Pappschilder. Die Kastenteile sollten schon vorher im Geräteraum bereitgestellt werden.

Bei 24 Schülern und 4 Stationen werden insgesamt 4 kleine Kästen und 4 Kastenteile benötigt.

- ✓ Offenes Stationenlernen an 4 Stationen in Gruppenarbeit. Es werden Vierergruppen gebildet, die gemeinsam die Aufgaben ausführen.
- ✓ **An jeder Station können 8 Schüler gleichzeitig üben.**
- ✓ Nachdem die Stationen (siehe Plan) aufgebaut worden sind, werden die einzelnen Stationen noch einmal gemeinsam durchgegangen, damit alle Schüler wissen, was an jeder Station gemacht werden soll.
- ✓ Jede Gruppe erhält ein Stationenblatt zur Information und zum Nachlesen.
- ✓ Die Stationen sind durch Pappschilder und/oder Pylone markiert.
- ✓ Der Sportlehrer gibt durch Ansage oder Signal die Übungszeiten vor.
- ✓ Jede Gruppe sucht sich zu Beginn eine Station aus, an der begonnen wird. Danach muss die vorgesehene Reihenfolge eingehalten werden, d. h. nach Station 1 kommt Station 2, nach Station 4 kommt Station 1 usw.

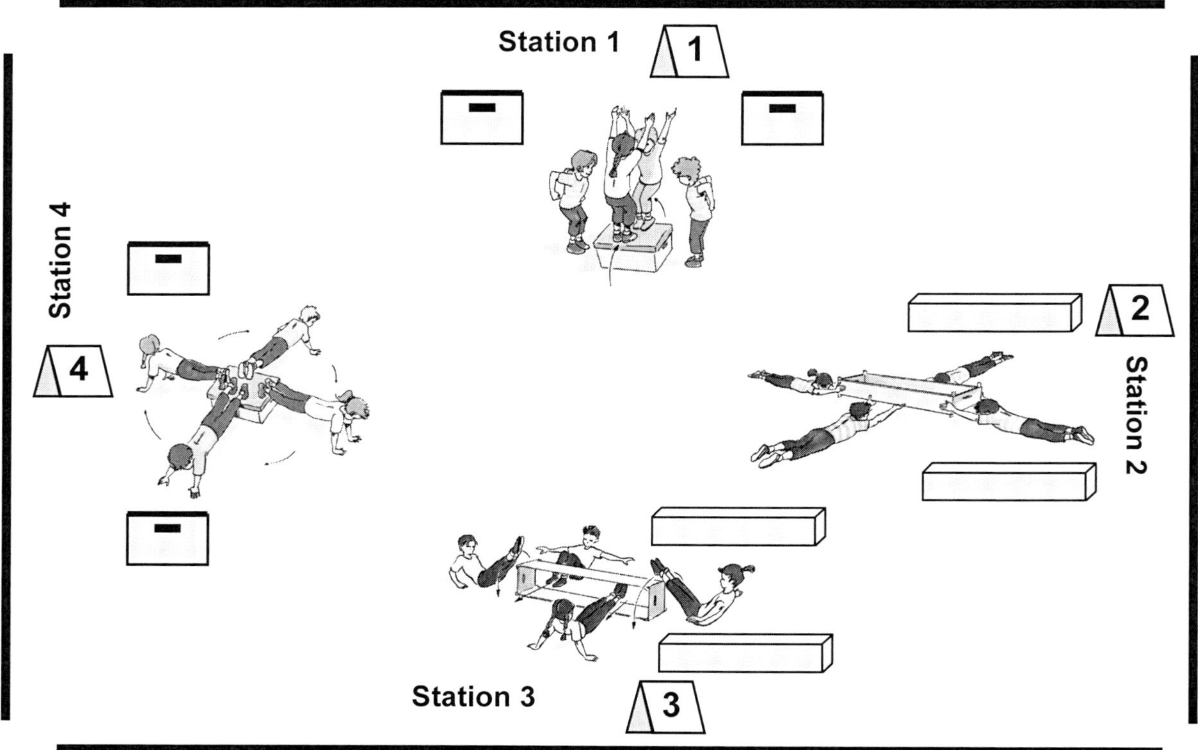

1. Konditionelle Fähigkeiten schulen und verbessern

1.3 Vier Stationen: Kräftigen der Hauptmuskelgruppen in Vierergruppen

Station 1

Aufgabe: An jeder Seite des kleinen Kastens steht ein Schüler.

Zwei sich gegenüber stehende Schüler springen mit einem Schlusssprung auf den kleinen Kasten und wieder herunter. Dann machen es die zwei anderen.

Zu einfach?
Springt rhythmisch immer zu zweit, der Niedersprung des einen Paares ist der Auftakt für das andere Paar.

Material: 1 kleiner Kasten für 4 Schüler

Station 2

Aufgabe: Hebt in der Bauchlage mit Blick zum Kastenteil mit fast gestreckten Armen das Kastenteil gemeinsam leicht vom Boden ab, einen Moment („1-2-3") so halten und wieder vorsichtig auf die Eckpfosten absetzen.

Zu einfach?
Hebt ein Bein etwas vom Boden ab.

Material: 1 Kastenteil für 4 Schüler

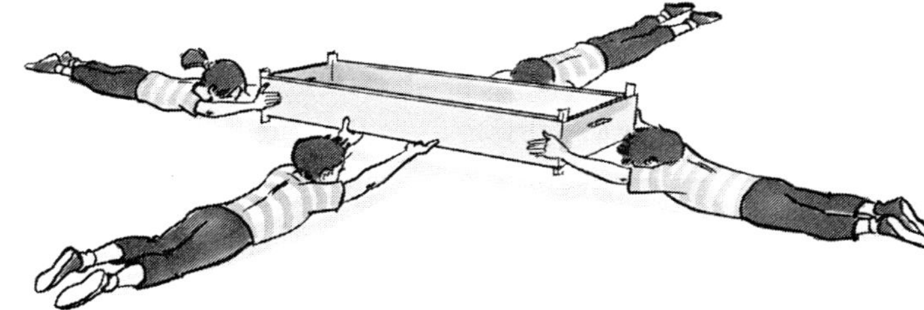

Station 3

Aufgabe: Je ein Schüler sitzt an einer Seite des Kastenteils und stützt sich mit den Händen ab.

Schmalseiten: Hebe die Beine an und führe sie über das Kastenteil auf die andere Seite und lege die Beine dort kurz ab. Gleich danach geht es wieder zurück.

Längsseiten: Strecke deine Füße in das Kastenteil hinein, danach leicht anhocken und über das Kastenteil führen, wieder leicht anhocken und nach innen zurück. Rollentausch vornehmen.

Zu einfach?
Versucht dabei die Hände vom Boden zu lösen.

Material: 1 Kastenteil für 4 Schüler

Station 4

Aufgabe: An jeder Seite des kleinen Kastens geht ein Schüler in den Liegestütz vorlings, die Füße sind dabei auf dem kleinen Kasten.

Auf das Signal eines Schülers nun gemeinsam langsam nach rechts seitwärts stützeln, bis der Ausgangspunkt wieder erreicht ist.

Zu einfach?
Gleich 2 Runden ohne Pause ausführen, dabei die erste Runde rechts herum und die zweite Runde links herum.

Material: 1 kleiner Kasten für 4 Schüler

8

2. Koordinative Fähigkeiten schulen und verbessern

2.1 Fünf Stationen: Sich anpassen, orientieren und richtig reagieren

Das folgende Beispiel erfordert einen hohen Materialaufwand und benötigt deshalb mehr Zeit für den Aufbau. Evtl. sollte der Sportlehrer die Gymnastikreifen und Bälle schon vorher im Geräteraum bereitlegen, sodass sie zu Beginn nur an den entsprechenden Stellen positioniert werden müssen.

Bei 24 Schülern und 5 Stationen werden insgesamt 1 Turnbank, 5 kleine Kästen, 25 Basket- oder Gymnastikbälle, 5 Gymnastikstäbe und 15 Gymnastikreifen benötigt.

- ✓ Geschlossenes Stationenlernen an 5 Stationen in Einzelarbeit. 4-6 Schüler an jeder Station.
- ✓ **An jeder Station können 5 Schüler gleichzeitig üben.**
- ✓ Nachdem die Stationen (siehe Plan) aufgebaut worden sind, werden die einzelnen Stationen noch einmal gemeinsam durchgegangen, damit alle Schüler wissen, was an welcher Station gemacht werden soll.
- ✓ Zusätzlich werden Karten mit Aufgabe und Abbildung an den Stationen ausgelegt, sodass sich die Schüler evtl. noch einmal die Aufgabe durchlesen und den Bewegungsablauf ansehen können.
- ✓ Die Stationen sind durch Pappschilder und/oder Pylone markiert.
- ✓ Der Sportlehrer gibt durch Ansage oder Signal die Übungszeiten vor.
- ✓ Jeder Schüler sucht sich zu Beginn eine Station aus, an der begonnen wird. Danach muss die vorgesehene Reihenfolge eingehalten werden, d. h. nach Station 1 kommt Station 2, nach Station 3 kommt Station 4 usw.
- ✓ Die erzielten Ergebnisse können evtl. auf einem Laufzettel eingetragen werden.

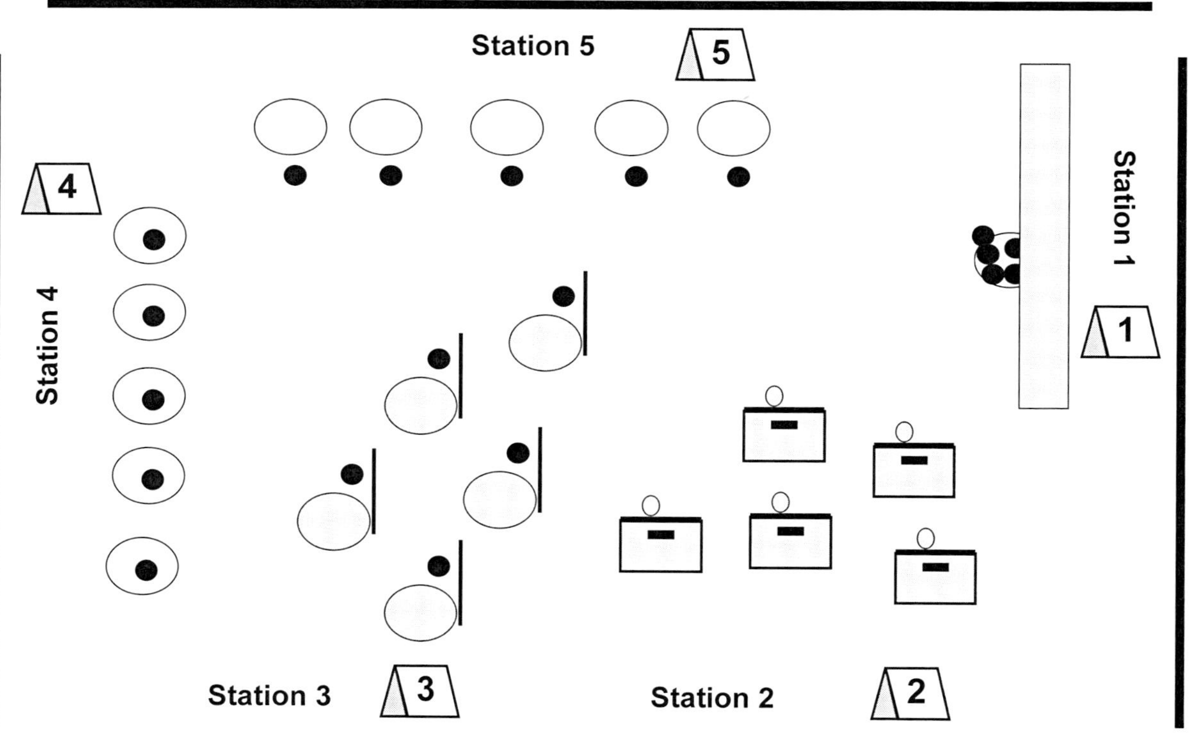

2. Koordinative Fähigkeiten schulen und verbessern

2.1 Fünf Stationen: Sich anpassen, orientieren und richtig reagieren

Station 1

Aufgabe: Stand auf der Bank.

Wirf den Ball so gegen die Wand, dass er zu dir zurückkommt und du ihn fangen kannst.

Wertung: jeder gefangene Ball = 1 Punkt

Zu einfach?
- Klatsche vor dem Fangen einmal in die Hände.
- Vergrößere den Abstand zur Wand.

Material: Turnbank, Gymnastikball

Station 2

Aufgabe: Stand neben kleinem Kasten, prelle einen Ball auf den Boden.

Steige erst mit einem Fuß auf den kleinen Kasten und dann sofort mit dem anderen Fuß, prelle dabei den Ball immer weiter. Steige genauso wieder ab und prelle auch dabei immer den Ball.

Wertung: beide Füße auf dem kleinen Kasten = 1 Punkt

Zu einfach?
Führe Schrittwechselsprünge am kleinen Kasten aus und prelle dabei fortwährend den Ball.

Material: kleiner Kasten und Gymnastik- oder Basketball

Station 3

Aufgabe: Stand außerhalb des Reifens.

Schlage mit dem Stab auf den im Reifen liegenden Gymnastikball und bringe ihn zum Springen. Versuche, ihn anschließend weiter mit dem Stab zu prellen.

Wertung: 10mal Prellen des Balles mit dem Stab = 1 Punkt

Zu einfach?
Gehe beim Prellen um den Reifen herum.

Material: Gymnastikreifen, Gymnastikball, Stab aus Holz

Station 4

Aufgabe: Grätschsitz im Reifen, Abstand zur Wand 2-3 m:
Wirf den Ball so gegen die Wand, dass er zu dir zurückkommt und du ihn fangen kannst.

Wertung: jeder gefangene Ball = 1 Punkt

Zu einfach?
- Klatsche vor dem Fangen einmal in die Hände.
- Vergrößere den Abstand zur Wand.

Material: Gymnastikreifen und Gymnastikball

Station 5

Aufgabe: Wirf den Ball so gegen die Wand, dass er anschließend in dem davor liegenden Reifen landet.

Wertung: Landung des Balls im Reifen = 1 Punkt

Zu einfach?
Vergrößere beim Wurf den Abstand zur Wand.

Material: Gymnastikreifen und Gymnastikball

Stationenlernen Sport in der Grundschule – Bestell-Nr. 12 713
Gemeinsam spielen, üben und trainieren

2. Koordinative Fähigkeiten schulen und verbessern

2.2 Fünf Stationen: Gegenstände und sich selbst im Gleichgewicht halten

Das folgende Beispiel erfordert einen mittleren Materialaufwand und benötigt wenig Zeit für die Vorbereitung. Evtl. sollte der Sportlehrer die Gymnastikstäbe, Seile und Kastenteile schon vorher im Geräteraum bereitlegen, sodass sie dann nur an den entsprechenden Stellen positioniert werden müssen.

Bei 24 Schülern und 5 Stationen werden insgesamt 3 Turnbänke, 3 Kastenteile, 6 Gymnastikstäbe, 1 Tau, 2 Pylone und 9 Bälle benötigt.

- ✓ Offenes Stationenlernen an 5 Stationen in Partnerarbeit. Zwei etwa gleich große Schüler finden sich zusammen.
- ✓ **An den Stationen 1, 2, 4 und 5 können 6 Schüler gleichzeitig üben. An der Station 3 wird mit etwas Abstand nacheinander geübt.**
- ✓ Jedes Paar erhält einen Stationenzettel mit den 5 Aufgaben.
- ✓ Nachdem die Stationen (siehe Plan) vorbereitet worden sind, werden die einzelnen Stationen noch einmal kurz gemeinsam durchgegangen, damit alle Schüler wissen, was an welcher Station gemacht werden soll.
- ✓ Die Stationen sind durch Pappschilder markiert.
- ✓ Der Sportlehrer gibt durch Ansage oder Signal die Übungszeiten pro Station vor.
- ✓ Jedes Paar wählt nun zu Beginn eine Station, an der begonnen wird.
- ✓ An mancher Station erfolgt Rollentausch innerhalb der Übungszeit.

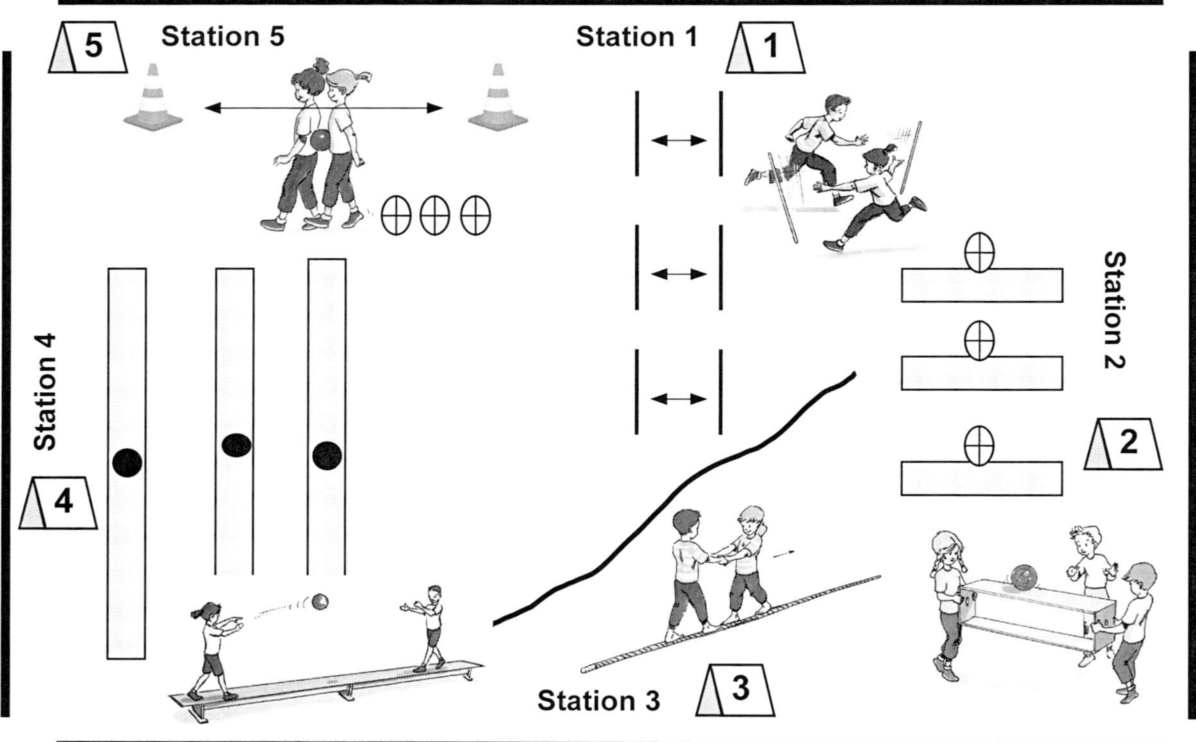

2. Koordinative Fähigkeiten schulen und verbessern

2.1 Fünf Stationen: Gegenstände und sich selbst im Gleichgewicht halten

Station 1

Aufgabe: Zu zweit gegenüber stehen – Abstand ca. 2 m: Stelle dich mit deiner rechten Seite neben den Stab und halte ihn mit einer Hand. Einer von euch gibt das Kommando „und los“. Den Stab loslassen und zum Stab des Partners laufen und versuchen, ihn zu greifen, bevor er auf den Boden fällt.

Zu einfach?
- Vergrößert den Abstand zwischen euch.
- Versucht es mit eurer linken Seite.

Material: 2 Gmynastikstäbe aus Holz.

Station 2

Aufgabe: Legt einen Basket- oder Medizinball auf das am Boden stehende Kastenteil. Hebt nun gemeinsam das Kastenteil vorsichtig an und bewegt euch damit langsam seitwärts, ohne dabei den Ball zu verlieren.

Zu einfach?
Bewegt euch so, dass einer vorwärts und der andere rückwärts gehen muss.

Material: 1 Kastenteil, 1 Basket- oder Medizinball

Station 3

Aufgabe: Balanciert mit Handfassung und kleinen Schritten über das ausgelegte Tau. Ein Schüler geht dabei vorwärts, der andere rückwärts. Balanciert noch einmal mit vertauschten Rollen, nachdem die anderen Paare dran waren.

Zu einfach?
Versucht es mit nur einer Handfassung.

Material: 1 Tau

Station 4

Aufgabe: Schüler A und B stehen sich auf der Turnbank mit Abstand gegenüber:

Werft euch einen Gymnastikball zielgenau zu, sodass ihr den Ball auf der Bank fangen könnt.

Zu einfach?
Spielt euch den Ball mit einem „Aufsetzer“ gegenseitig zu.

Material: 1 Turnbank, 1 Gymnastikball

Station 5

Aufgabe: Schüler A und B stehen Rücken an Bauch zusammen und klemmen einen Ball zwischen sich.

Geht nun langsam vorwärts – von Pylone zu Pylone, ohne dabei den Ball zu verlieren. Wechselt dann eure Positionen.

Zu einfach?
Geht mit dem Ball seitwärts.

Material: 1 Gymnastikball

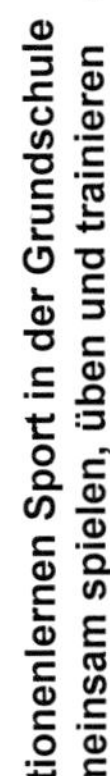

2. Koordinative Fähigkeiten schulen und verbessern

2.3 Fünf Stationen: Sich mit Bällen orientieren und anpassen

Das folgende Beispiel ist schnell zu organisieren, weil an fast allen Stationen Gymnastikbälle eingesetzt werden. Evtl. sollte der Sportlehrer die Gymnastikbälle schon vorher in kleinen Kästen/Reifen lagern und im Geräteraum bereitstellen, sodass sie zu Beginn nur an den entsprechenden Stellen positioniert werden müssen.

Bei 24 Schülern und 5 Stationen werden insgesamt 20 Gymnastikbälle, 5 Tennisbälle, 5 Gymnastikreifen, 2-4 Pylone, 1 Turnbank und 5 Joghurtbecher/kleine Pylone benötigt.

- ✓ Offenes Stationenlernen an 5 Stationen in Einzelarbeit. 4-5 Schüler an jeder Station.
- ✓ An den Stationen 1, 3, 4 und 5 können 5 Schüler gleichzeitig üben. An der Station 2 muss nacheinander mit etwas Abstand geübt werden.
- ✓ Nachdem die Stationen (siehe Plan) aufgebaut worden sind, werden die einzelnen Stationen noch einmal gemeinsam durchgegangen, damit alle Schüler wissen, was an welcher Station gemacht werden soll.
- ✓ Zusätzlich werden Karten mit Aufgabe und Abbildung an den Stationen ausgelegt, sodass sich die Schüler evtl. noch einmal die Aufgabe durchlesen und den Bewegungsablauf ansehen können.
- ✓ Die Stationen sind durch Pappschilder und/oder Pylone markiert.
- ✓ Der Sportlehrer gibt durch Ansage oder Signal die Übungszeiten vor.
- ✓ Jeder Schüler sucht sich zu Beginn eine Station aus, an der begonnen wird. Danach muss die vorgesehene Reihenfolge eingehalten werden, d. h. nach Station 3 kommt Station 4, nach Station 5 kommt Station 1 usw.
- ✓ Die erzielten Ergebnisse können evtl. auf einem Laufzettel eingetragen werden.

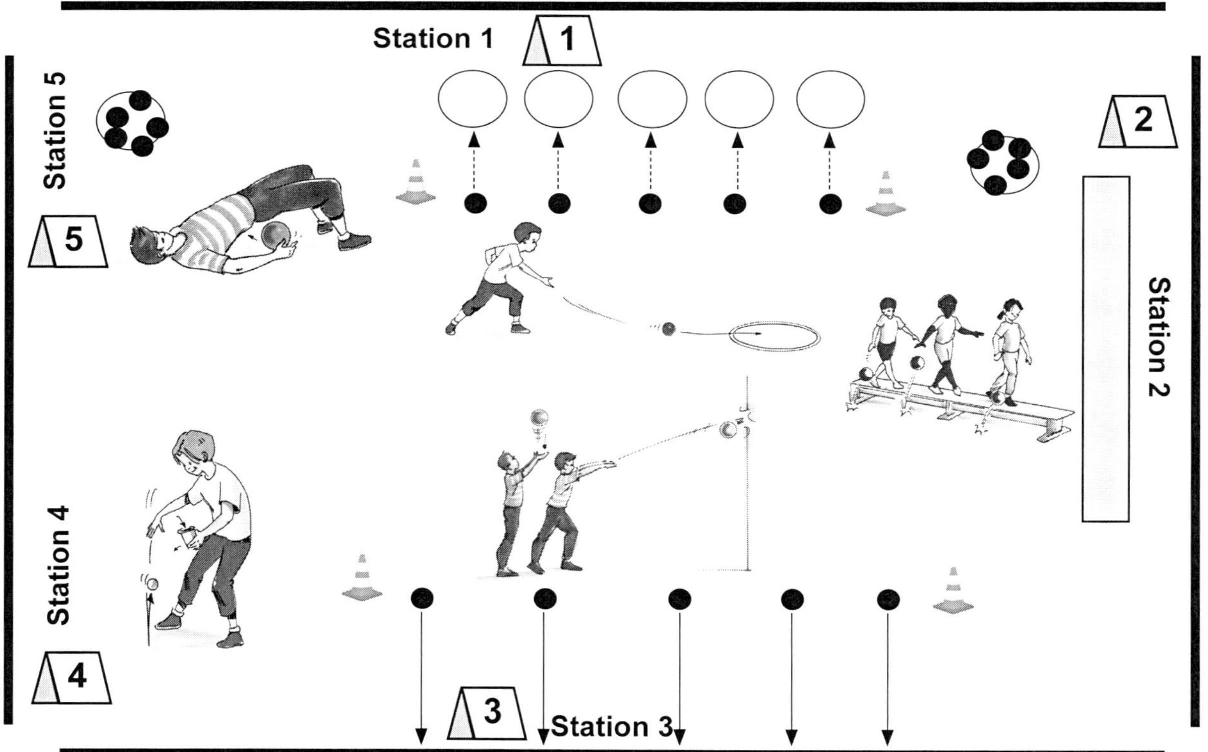

Station 1

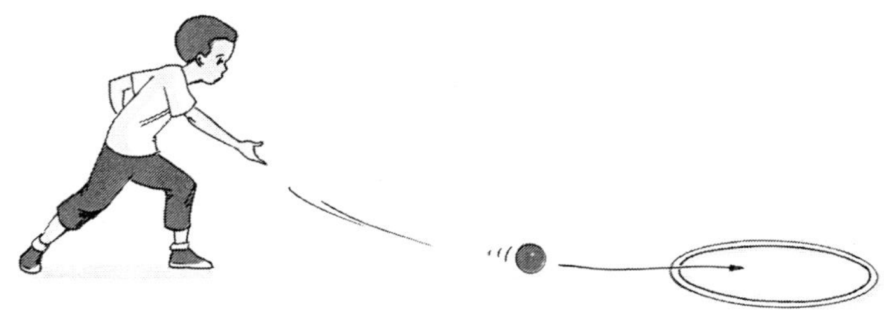

Aufgabe: Rolle einen Ball so dosiert, dass er in einem ca. 3-5 m entfernt liegenden Gymnastikreifen liegen bleibt.

Wertung: jeder Ball, der im Reifen liegen bleibt = 1 Punkt

Zu einfach?
Vergrößere den Abstand zum Reifen.

Material: Gymnastikball, Gymnastikreifen

Station 2

Aufgabe: Laufe auf der Bank und prelle dabei einen Ball auf den Boden. Gehe bis zum Ende, nimm den Ball dann in die Hand und gehe zum Ausgangspunkt zurück.

Wertung: Gehen auf der Bank mit Prellen des Balles bis zum Ende der Bank = 1 Punkt

Zu einfach?
Prelle den Ball auf der Sitzfläche der Bank.

Material: Turnbank, Gymnastikball

Station 3

Aufgabe: Wirf den Ball bis Kopfhöhe in die Luft, fange ihn dann auf und wirf ihn dann sofort gegen die Wand. Fange den zurückspringenden Ball auf usw.

Wertung: jeder gefangene Ball = 1 Punkt

Zu einfach?
Vergrößere den Abstand zur Wand.

Material: Gymnastikball

Station 4

Aufgabe: Prelle einen Tennisball auf den Boden und fange ihn danach mit dem in der anderen Hand gehaltenen Joghurtbecher wieder auf.

Wertung: jeder gefangene Ball = 1 Punkt

Zu einfach?
Versuche es auch mit der ungeübten Hand.

Material: Tennisball und Joghurtbecher

Station 5

Aufgabe: Gehe in die Rückenlage mit gebeugten Beinen und aufgesetzten Füßen. Hebe deinen Rücken an und bilde eine Nackenbrücke. Rolle/führe nun den Medizinball/Basketball von der rechten Hand unter der Brücke hindurch zur linken Hand. Nimm den Ball an und rolle ihn wieder zurück zur rechten Hand.

Wertung: jeder zurückgekommene Ball an der rechten Hand = 1 Punkt

Zu einfach?
Hebe dabei leicht ein Bein an.

Material: Medizinball oder Basketball

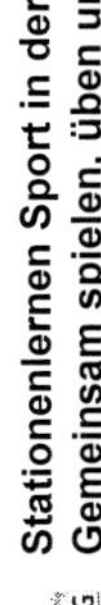

2. Koordinative Fähigkeiten schulen und verbessern

2.4 Fünf Stationen: Schulen koordinativer Fähigkeiten in Partnerarbeit

Das folgende Beispiel erfordert einen geringen Materialaufwand und ist schnell organisiert. Es wird insgesamt wenig Zeit für den Aufbau benötigt. Die Stationen werden durch Pylone und Pappschilder markiert. Die Bälle können schon vorher im Geräteraum in kleinen Kästen bereitgelegt werden.

Bei 24 Schülern und 5 Stationen werden insgesamt 15 Gymnastikbälle, 3 Gymnastikreifen, 3 kleine Kästen, 6 Joghurtbecher, 3 Tennisbälle und 3 Handtücher benötigt.

- ✓ Geschlossenes Stationenlernen an 5 Stationen in Partnerarbeit.
- ✓ Zwei etwa gleich große und schwere Partner finden sich zusammen.
- ✓ **An jeder Station können 6 Schüler gleichzeitig üben.**
- ✓ Nachdem die Stationen (siehe Plan) aufgebaut worden sind, werden die einzelnen Stationen noch einmal gemeinsam durchgegangen, damit alle Schüler wissen, was an jeder Station gemacht werden soll.
- ✓ Jedes Paar erhält ein Stationenblatt zur Information und zum Nachlesen.
- ✓ Die Stationen sind durch Pappschilder und/oder Pylone markiert.
- ✓ Der Sportlehrer gibt durch Ansage oder Signal die Übungszeiten vor.
- ✓ Jedes Paar sucht sich zu Beginn eine Station aus, an der begonnen wird. Danach muss die vorgesehene Reihenfolge eingehalten werden, d. h. nach Station 1 kommt Station 2, nach Station 4 kommt Station 5 usw.
- ✓ Die erzielten Ergebnisse können evtl. auf einem Laufzettel eingetragen werden.

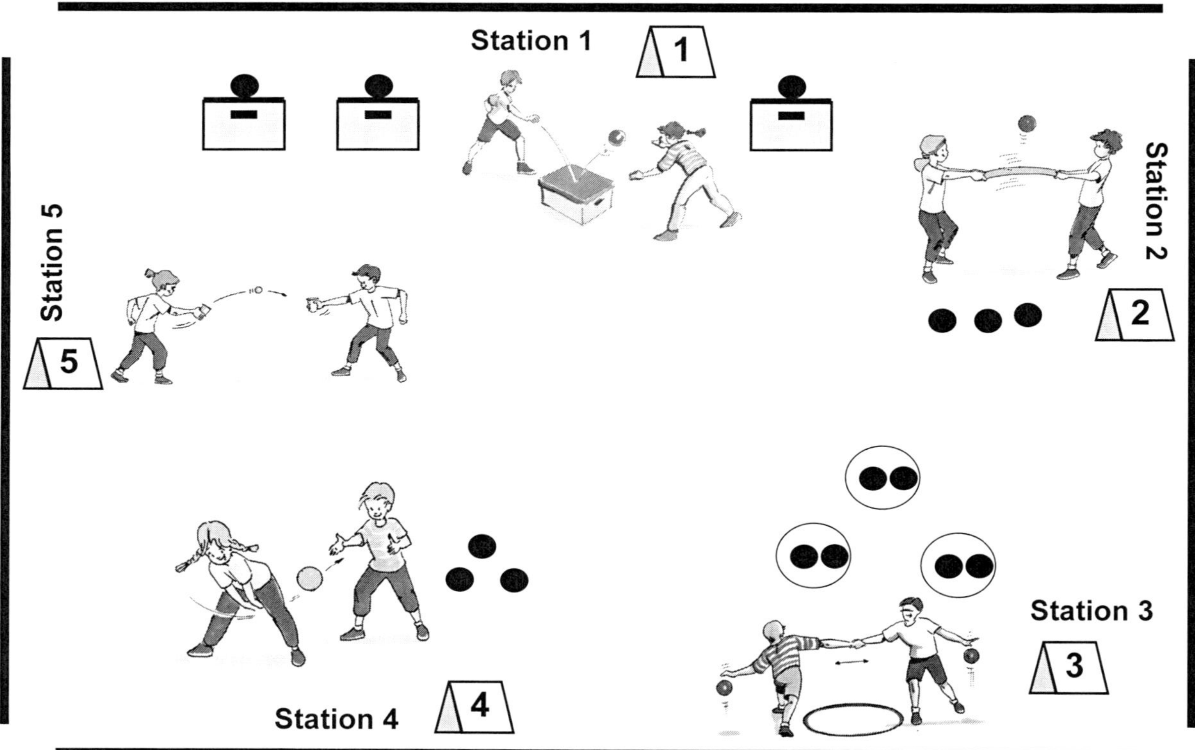

Station 1

Aufgabe: Prellt euch gegenseitig einen Ball zu. Der Ball muss dabei immer auf der Lederfläche des kleinen Kastens aufkommen.

Wertung: jeder „Preller" auf dem Kasten = 1 Punkt

Zu einfach?
Übt auch mit der schwächeren Hand.

Material: 1 kleiner Kasten, 1 Gymnastikball je Paar.

Station 2

Aufgabe: Fasst ein Handtuch an den Ecken und werft damit einen Ball in die Luft. Fangt ihn mit dem Handtuch wieder auf und werft ihn wieder in die Luft.

Wertung: jedes Auffangen des Balles = 1 Punkt

Zu einfach?
Werft den Ball etwas zur Seite und geht mit kleinen Schritten schnell hinterher, um ihn wieder aufzufangen.

Material: 1 altes Handtuch, 1 Gymnastikball je Paar

Station 3

Aufgabe: Fasst euch an der linken Hand und prellt mit der rechten Hand jeder einen Ball. Versucht, den Partner in den in der Mitte liegenden Gymnastikreifen zu ziehen, ohne dabei den eigenen Ball zu verlieren.

Wertung: ohne Ballverlust den Partner in den Reifen gezogen = 1 Punkt

Zu einfach?
Prellt den Ball mit der ungeübten (meist linken) Hand.

Material: 2 Gymnastikbälle, 1 Gymnastikreifen je Paar.

Station 4

Aufgabe: Partner A steht mit dem Rücken zu B (Abstand ca. 2-3 m) und wirft den Ball durch die gegrätschten Beine zu B, der den Ball möglichst auffängt. Beide führen eine halbe Drehung aus und nun wirft Partner B den Ball durch seine gegrätschten Beine zu A.

Wertung: jeder gefangene Ball = 1 Punkt

Zu einfach?
Vergrößert den Abstand zwischen euch.

Material: 1 Gymnastikball je Paar.

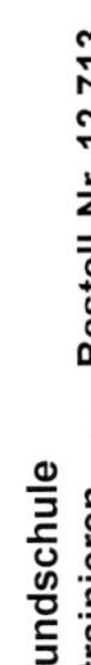

Station 5

Aufgabe: Abstand ca. 2 m; A hat einen Joghurtbecher mit einem darauf befindlichen Tennisball in der rechten Hand: Wirf nun den Ball mit Schwung zu deinem Partner, der versucht, den Ball mit seinem Joghurtbecher aufzufangen. Anschließend wirft dieser ihn genauso zurück.

Wertung: jeder gefangene Ball = 1 Punkt

Zu einfach?
Vergrößert den Abstand zwischen euch.

Material: 2 Joghurtbecher, 1 Tennisball je Paar.

Hinweis: Diese Übung kann auch mit 2 Pylonen und 1 Gymnastikball durchgeführt werden.

2. Koordinative Fähigkeiten schulen und verbessern

2.5 Vier Stationen: Schulen koordinativer Fähigkeiten in Dreiergruppen

Das folgende Beispiel erfordert einen mittleren Materialaufwand und ist durch den Einsatz von Handgeräten schnell organisiert. Es wird insgesamt wenig Zeit für den Aufbau benötigt. Die Stationen werden durch Pylone und Pappschilder markiert. Die Kastenteile können schon vorher im Geräteraum bereitgelegt werden.

Bei 24 Schülern und 4 Stationen werden insgesamt 2 Turnbänke, 4 Kastenteile, 4 Gymnastikreifen, 6 Gymnastik- oder Basketbälle benötigt.

- ✓ Geschlossenes Stationenlernen an 4 Stationen in Dreiergruppen.
- ✓ 3 etwa gleichgroße Schüler finden sich zusammen.
- ✓ **An jeder Station können jeweils 6 Schüler gleichzeitig üben.**
- ✓ Nachdem die Stationen (siehe Plan) aufgebaut worden sind, werden die einzelnen Stationen noch einmal gemeinsam durchgegangen, damit alle Schüler wissen, was an jeder Station gemacht werden soll.
- ✓ Jede Gruppe erhält ein Stationenblatt zur Information und zum Nachlesen.
- ✓ Die Stationen sind durch Pappschilder und/oder Pylone markiert.
- ✓ Der Sportlehrer gibt durch Ansage oder Signal die Übungszeiten vor.
- ✓ Jedes Paar sucht sich zu Beginn eine Station aus, an der begonnen wird. Danach muss die vorgesehene Reihenfolge eingehalten werden, d. h. nach Station 1 kommt Station 2, nach Station 4 kommt Station 1 usw.
- ✓ Die erzielten Ergebnisse können evtl. auf einem Laufzettel eingetragen werden.

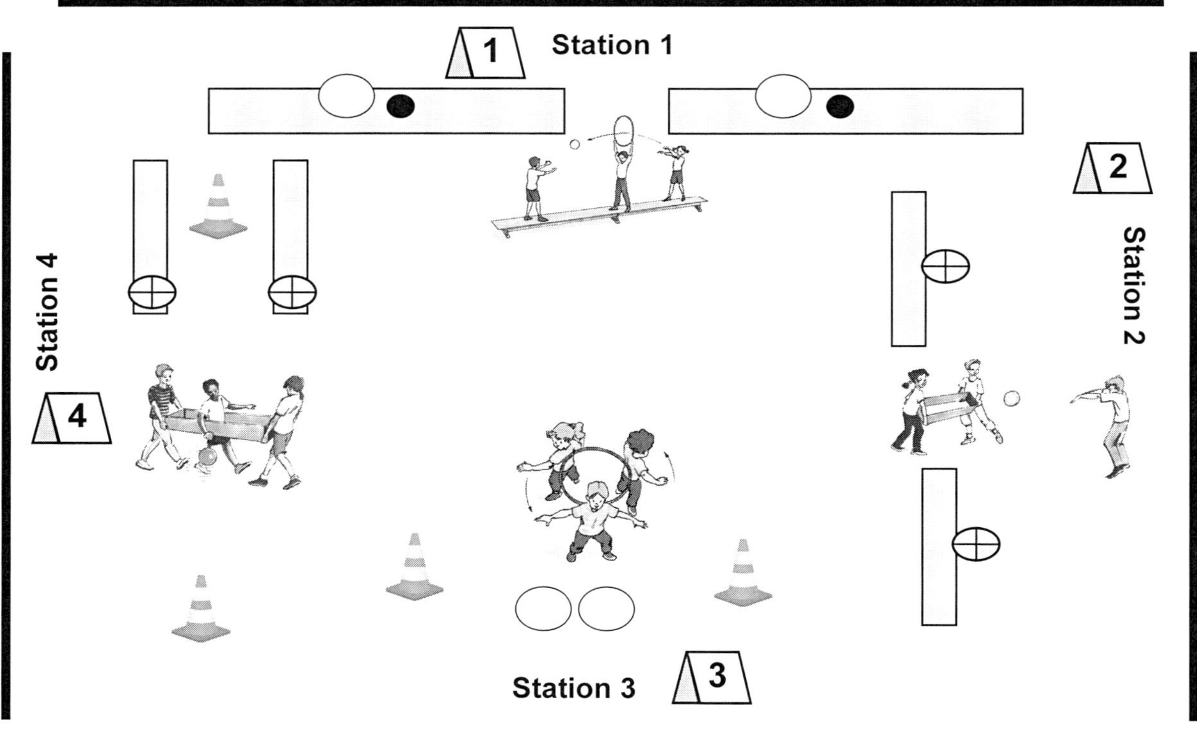

2. Koordinative Fähigkeiten schulen und verbessern

2.5 Vier Stationen: Schulen koordinativer Fähigkeiten in Dreiergruppen

Station 1

Aufgabe: Zu dritt auf einer Turnbank. Ein Schüler steht in der Mitte und hält einen Reifen mit fast gestreckten Armen über Kopf. A und B stehen sich außen mit Abstand gegenüber. A wirft nun den Ball durch den Reifen zu B, sodass dieser den Ball fangen kann. Nachdem er gefangen hat, wirft er den Ball durch den Reifen zurück. Rollentausch vornehmen.

Wertung: jeder gefangene Ball = 1 Punkt für jedes Mitglied der Gruppe

Zu einfach?
Vergrößert den Abstand zwischen euch.

Material: Turnbank, Gymnastikreifen, Gymnastikball

Station 2

Aufgabe: Zwei Schüler halten ein Kastenteil, der dritte Schüler steht ca. 2-3 m entfernt und hat einen Ball in der Hand. Er versucht nun, den Ball von oben in das gehaltene Kastenteil zu werfen. Die beiden anderen helfen ihm dabei, indem sie das Kastenteil der Wurfrichtung anpassen. Rollentausch vornehmen.

Wertung: jeder Ball im Kastenteil = 1 Punkt für jedes Mitglied der Gruppe

Zu einfach?
Das gehaltene Kastenteil wird „starr gehalten".

Material: Kastenteil, Gymnastik- oder Basketball

Station 3

Aufgabe: Nehmt einen Reifen und klemmt ihn zwischen eure Rücken ein. Geht nun langsam in eine Richtung zur Pylone. Versucht den Reifen über die Pylone abzuwerfen, sodass die Pylone nun in der Mitte des Reifens steht. Geht dann zum Ausgangspunkt zurück und versucht es gleich noch einmal.

Wertung: jedes erfolgreiche Ablegen des Reifens über die Pylone = 1 Punkt für jedes Mitglied der Gruppe

Zu einfach?
Dreht euch bei der Bewegung ständig im Kreis.

Material: Gymnastikreifen, Pylone

Station 4

Aufgabe: Zwei Schüler halten ein Kastenteil etwa hüfthoch. Der dritte Schüler steht im Kastenteil und prellt ständig einen Gymnastikball außerhalb des Kastenteils auf den Boden. Versucht nun, langsam so vorwärts zu gehen, von einer Pylone am Ausgangspunkt zur Pylone auf der anderen Seite. Rollentausch vornehmen.

Wertung: eine erfolgreich gelaufene Bahn mit ständigem Prellen = 1 Punkt für jedes Mitglied der Gruppe

Zu einfach?
Mit der ungeübten Hand prellen.

Material: Kastenteil, Gymnastikball

9 3. Grundtätigkeiten anwenden und verbessern

3.1 Vier Stationen: Hüpfen/Springen – Heben/Tragen anwenden und verbessern

Das folgende Beispiel erfordert einen hohen Materialaufwand und benötigt mehr Zeit für den Aufbau. Evtl. sollte der Sportlehrer die Gymnastikstäbe, Seile und Kastenteile schon vorher im Geräteraum bereitlegen, sodass sie später nur an den entsprechenden Stellen positioniert werden müssen.

Bei 24 Schülern und 4 Stationen werden insgesamt 9 Gymnastikstäbe, 3 Kastenteile, 3 Bälle, 2 Pylone und 3 Sprungseile benötigt.

- ✓ Offenes Stationenlernen an 4 Stationen in Gruppenarbeit. 3 Schüler bilden eine Gruppe.
- ✓ **An jeder Station können 6-9 Schüler gleichzeitig üben.**
- ✓ Jede Gruppe bekommt einen Stationenzettel mit den 4 Aufgaben.
- ✓ Nachdem die Stationen (siehe Plan) vorbereitet worden sind, werden die einzelnen Stationen noch einmal kurz gemeinsam durchgegangen, damit alle Schüler wissen, was an welcher Station gemacht werden soll.
- ✓ Die Stationen sind durch Pappschilder markiert.
- ✓ Der Sportlehrer gibt durch Ansage oder Signal die Übungszeiten pro Station vor.
- ✓ Jede Gruppe wählt nun zu Beginn eine Station, an der begonnen wird.
- ✓ An jeder Station erfolgt Rollentausch innerhalb der Übungszeit.

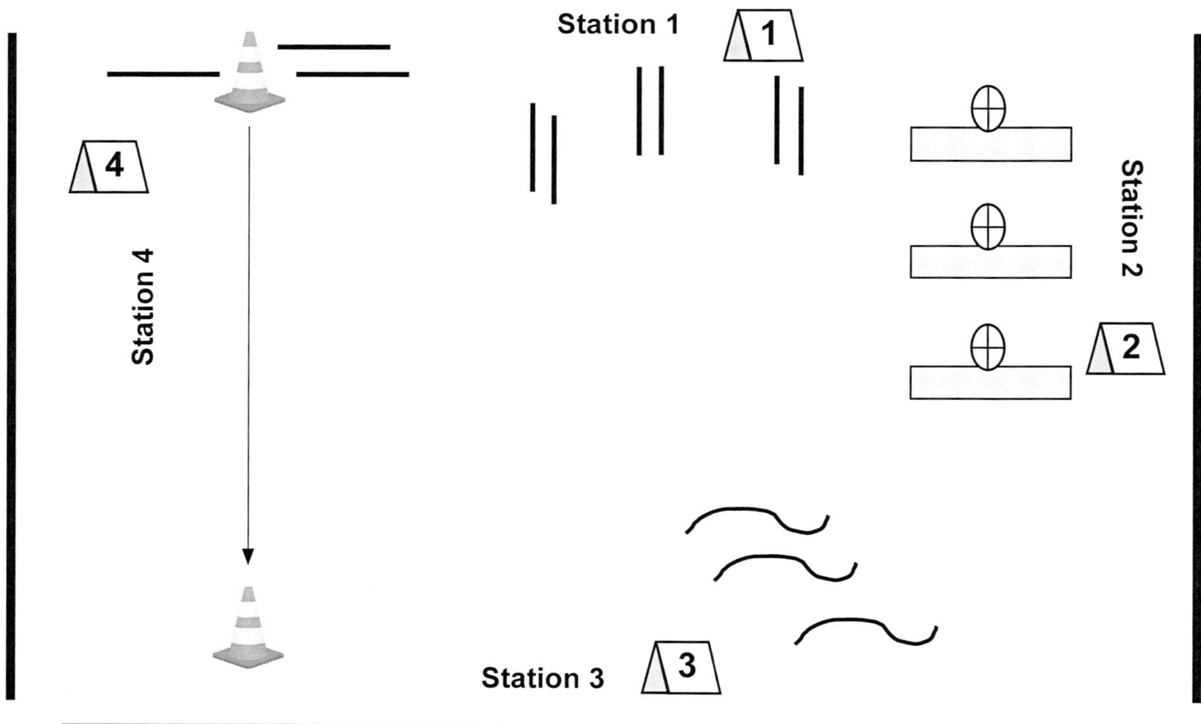

3. Grundtätigkeiten anwenden und verbessern

3.1 Vier Stationen: Hüpfen/Springen – Heben/Tragen anwenden und verbessern

Station 1

Aufgabe: Zwei Schüler A und B sitzen oder hocken sich hin und halten mit ihren Händen zwei Stäbe etwa 10-15 cm über dem Boden. Sie führen die Stäbe im rhythmischen Wechsel auseinander und wieder zusammen. Schüler C steht in der Mitte. Er führt Schluss- und Grätschsprünge im Wechsel aus und versucht sich diesem Rhythmus anzupassen. Versuche mindestens 10–15 Sprünge auszuführen. Danach erfolgt Rollentausch, jeder muss einmal in der Mitte gewesen sein.

Zu einfach?
Das Tempo steigern – Stäbe schneller auseinander und wieder zusammenführen.

Material: je Gruppe 2 Gymnastikstäbe

Station 2

Aufgabe: Schüler A und B halten ein Kastenteil etwa hüfthoch. C legt einen Schaumstoff- oder Gymnastikball darauf.

Hebt nun schwunghaft das Kastenteil an, um so den Ball hochzuwerfen. Anschließend wird der Ball wieder aufgefangen und dadruch zum Prellen gebracht. Wie oft schafft ihr es? Rollentausch vornehmen.

Zu einfach?
Bewegt euch mit dem prellenden Ball seitwärts.

Material: je Gruppe 1 Kastenteil und 1 Ball

Station 3

Aufgabe: Zwei Schüler halten mit je einer Hand ein Ende des Sprungseils und schwingen es im gleichmäßigen Tempo. Der dritte Schüler steht in der Mitte und hüpft ca. 10-20mal über das schwingende Seil (sich dem Rhythmus anpassen). Rollentausch vornehmen.

Zu einfach?
Der springende Schüler steht nun außerhalb des Seils und versucht, vorausschauend in das schwingende Seil hineinzulaufen und in gewohnter Weise zu hüpfen.

Material: 1 Springseil pro Gruppe (evtl. auch 2 Springseile zusammenknoten).

Station 4

Aufgabe: Schüler A und B stehen mit einem in Hüfthöhe gehaltenen Stab nebeneinander. C steht dahinter und „hängt ein Knie am Stab ein", die Hände legt er auf die Schultern der Partner ab.

Nun gemeinsam – C mit eingehängtem Knie hüpfend – bis zur anderen Seite gehen. Rollentausch vornehmen.

Zu einfach?
Die außen stehenden Partner erhöhen das Gehtempo. Die Übungsstrecke wird verlängert.

Material: 1 Gymnastikstab aus Holz für jede Gruppe.

3. Grundtätigkeiten anwenden und verbessern

3.2 Vier Stationen: Balancieren und im Gleichgewicht bleiben

Das folgende Beispiel erfordert einen hohen Materialaufwand und benötigt mehr Zeit für den Aufbau. Um Staus zu vermeiden, müssen die Stationen 2 und 4 doppelt aufgebaut werden. Evtl. legt der Sportlehrer die kleinen Kästen, Kastenteile, Reckstangen und Pylone schon vorher im Geräteraum bereit, sodass sie nur an den entsprechenden Stellen positioniert werden müssen.

Bei 24 Schülern und 4 Stationen werden insgesamt 10 kleine Kästen, 4 Kastenteile, 2 Matten, 4 Reckstangen, 1 Stützbarren und 16-24 Pylone benötigt.

- ✓ Geschlossenes Stationenlernen an 4 Stationen in Einzelarbeit. 4-6 Schüler an jeder Station.
- ✓ **An den Stationen wird mit etwas Abstand nacheinander geübt.**
- ✓ Nachdem die Stationen (siehe Plan) aufgebaut worden sind, werden die einzelnen Stationen noch einmal gemeinsam durchgegangen, damit alle Schüler wissen, was an welcher Station gemacht werden soll.
- ✓ Zusätzlich werden Karten mit Aufgabe und Abbildung an den Stationen ausgelegt, sodass sich die Schüler evtl. noch einmal die Aufgabe durchlesen und den Bewegungsablauf ansehen können.
- ✓ Die Stationen sind durch Pappschilder markiert.
- ✓ Der Sportlehrer gibt durch Ansage oder Signal die Übungszeiten vor.
- ✓ Jeder Schüler sucht sich zu Beginn eine Station aus, an der begonnen wird. Danach muss die vorgesehene Reihenfolge eingehalten werden, d. h. nach Station 1 kommt Station 2, nach Station 3 kommt Station 4 usw.
- ✓ An den Stationen wird nacheinander geübt – nicht drängeln. Bei manchen Stationen muss sich evtl. gegenseitig geholfen werden.

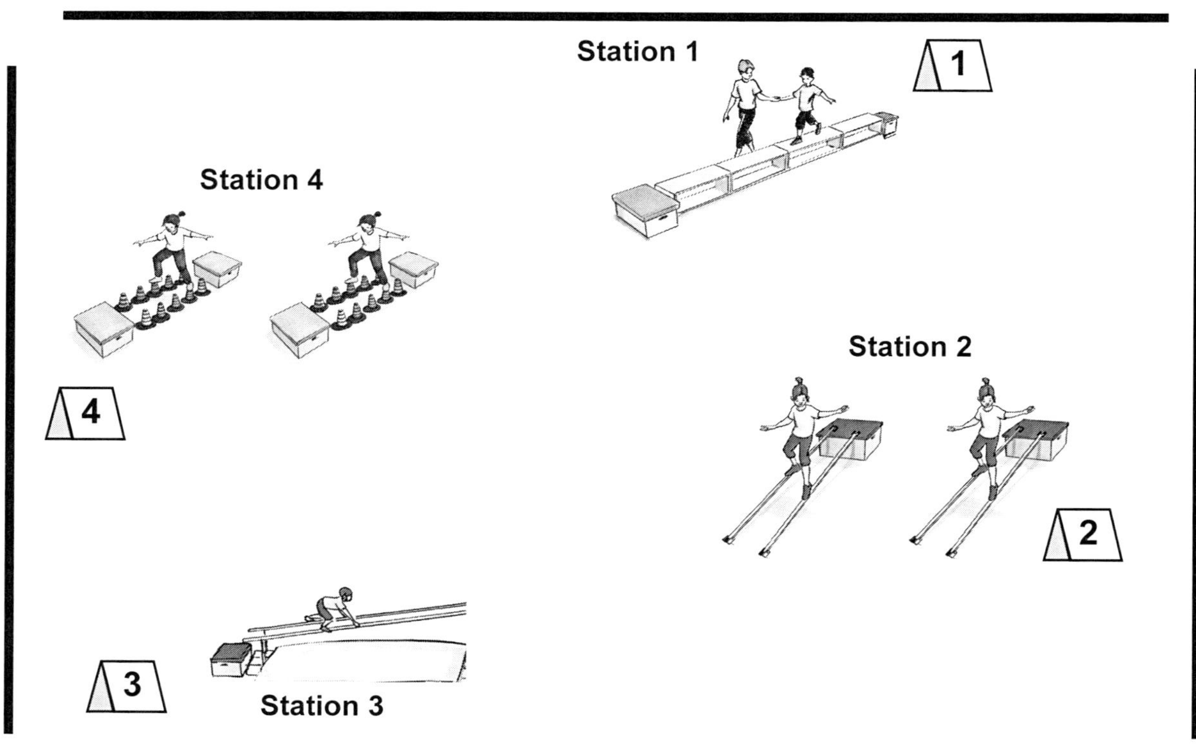

3. Grundtätigkeiten anwenden und verbessern

3.2 Vier Stationen: Balancieren und im Gleichgewicht bleiben

Station 1

Aufgabe: Steige mit Handfassung (Partner) vom kleinen Kasten auf das erste Kastenteil und balanciere vorsichtig über alle Kastenteile. Steige dann über den anderen kleinen Kasten herunter und laufe zum Ausgangspunkt zurück.

Zu einfach?
Versuche es ohne Hilfeleistung.

Material: 3-4 Kastenteile, 2 kleine Kästen

Station 2

Aufgabe: Steige auf den kleinen Kasten und balanciere vorsichtig über die abwärts führenden Reckstangen. Balanciere mit kleinen Schritten, auf jeder Stange muss sich ein Fuß befinden.

Zu einfach?
Versuche auf einer Stange zu balancieren.

Material: 1 kleiner Kasten und 2 Reckstangen

Station 3

Aufgabe: Steige vom kleinen Kasten auf die Holme des Barrens und bewege dich langsam auf allen Vieren vorwärts. Steige auf der anderen Seite wieder behutsam auf den kleinen Kasten ab.

Zu einfach?
Bewege dich seitwärts auf den Holmen, d. h. beide Hände und beide Füße sind jeweils auf einem Holm.

Material: 1 Stützbarren, 2 kleine Kästen und 2-3 Turnmatten in der Holmgasse.

Station 4

Aufgabe: Steige vom kleinen Kasten auf die Pylone und balanciere kleinschrittig darüber. Die rechte Reihe wird nur mit dem rechten Fuß und die linke Reihe nur mit dem linken betreten. Wer schafft es bis zum Ende? Evtl. kann ein Mitschüler mit Handfassung unterstützen.

Zu einfach?
Versuche nur auf einer Reihe zu balancieren.

Material: 2 kleine Kästen und 8-12 stabile Pylone.

Stationenlernen Sport in der Grundschule
Gemeinsam spielen, üben und trainieren – Bestell-Nr. 12 713

3. Grundtätigkeiten anwenden und verbessern

3.3 Vier Stationen: Stützen, Hüpfen und Springen in Kombination anwenden

Das folgende Beispiel erfordert einen größeren Materialaufwand und es wird deshalb mehr Zeit für den Aufbau benötigt. Evtl. sollte der Sportlehrer den großen Kasten selbst an der entsprechenden Stelle in der Halle positionieren. Kleine Kästen, Turnbank und Reifen können dann von den Schülern an die entsprechenden Plätze gestellt werden.

Bei 24 Schülern und 4 Stationen werden insgesamt 2 Turnbänke, 1 großer Kasten (drei- oder vierteilig), 2-3 Gymnastikreifen, 7-8 kleine Kästen, 4-6 Medizinbälle und 4 Pylone benötigt.

- ✓ Offenes Stationenlernen an 4 Stationen in Einzelarbeit.
- ✓ **An den Station 1, 2 und 4 können mehrere Schüler gleichzeitig mit etwas Abstand nacheinander üben. An der Station 3 können mehrere Schüler neben- oder hintereinander gleichzeitig üben.**
- ✓ Zusätzlich werden Karten mit Aufgabe und Abbildung an den Stationen ausgelegt, sodass sich die Schüler evtl. noch einmal die Aufgabe durchlesen und den Bewegungsablauf ansehen können.
- ✓ Nachdem die Stationen (siehe Plan) vorbereitet worden sind, werden die einzelnen Stationen noch einmal kurz gemeinsam durchgegangen, damit alle Schüler wissen, was an welcher Station gemacht werden soll.
- ✓ Die Stationen sind durch Pappschilder markiert.
- ✓ Der Sportlehrer gibt durch Ansage oder Signal die Übungszeiten pro Station vor.
- ✓ Jeder Schüler wählt zu Beginn eine Station, an der begonnen wird. Danach sollte aber die Reihenfolge der Stationen eingehalten werden, d. h. nach Station 1 kommt Station 2, nach Station 4 kommt Station 1 usw.
- ✓ Die erzielten Ergebnisse können auf einem Laufzettel eingetragen werden.

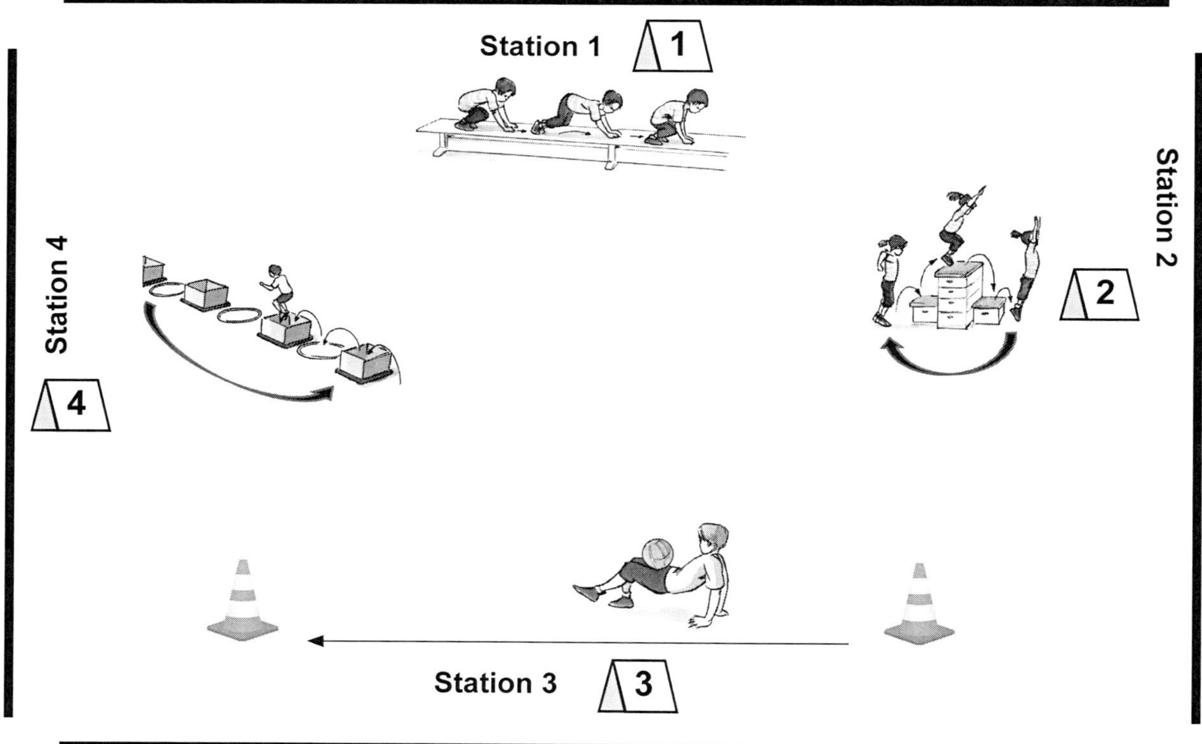

3. Grundtätigkeiten anwenden und verbessern

3.3 Vier Stationen: Stützen, Hüpfen und Springen in Kombination anwenden

Station 1

Aufgabe: Im Hockstütz auf der Turnbank.

Rutsche (fasse) mit den Händen etwas vor und hocke mit den Füßen nach. Übe so über die gesamte Länge der Turnbank. Verlasse die Turnbank und laufe außen zum Ausgangspunkt zurück.

Wertung: 1 Durchgang über die gesamte Länge der Turnbank = 1 Punkt.

Zu einfach?
Greife mit den Händen etwas weiter nach vorn.

Material: 1-2 Turnbänke

Station 2

Aufgabe: Hüpfe mit Schlusssprüngen über die Kastentreppe hinauf und wieder herunter. Laufe außen zum Ausgangspunkt zurück.

Wertung: 1mal über die gesamte Kastentreppe = 1 Punkt

Zu einfach?
Springe ohne Zwischenhüpfer/Pause über die Kastentreppe.

Material: 1 großer Kasten (drei- oder vierteilig), 4 kleine Kästen davor und dahinter – immer 2 nebeneinander

Station 3

Aufgabe: Gehe in den Liegestütz rücklings und lege dir einen Medizininball auf den Bauch/die Oberschenkel. Transportiere nun diesen Ball langsam im „Krebsgang" von einer Pylone zur anderen.

Wertung: 1 Wegstrecke von Pylone zu Pylone = 1 Punkt

Zu einfach?
Gehe im Krebsgang seitwärts.

Material: Pylone, Medizinbälle

Station 4

Aufgabe: Springe mit einem Schlusssprung in den kleinen Kasten hinein und wieder heraus, lande im Reifen und springe dann von dort wieder in den nächsten kleinen Kasten hinein usw. Laufe außen zum Ausgangspunkt zurück.

Wertung: 1mal über die gesamte Bahn = 1 Punkt

Zu einfach?
Springe ohne Zwischenhüpfer/Pause über die Kasten-Reifen-Bahn.

Material: 3-4 kleine Kästen und 2-3 Gymnastikreifen.

Stationenlernen Sport in der Grundschule
Gemeinsam spielen, üben und trainieren – Bestell-Nr. 12 713

9 3. Grundtätigkeiten anwenden und verbessern

3.4 Drei Stationen: Stützen, Hängen und Schwingen mit „Pufferstation"

Das folgende Beispiel ist durch den Einsatz von Großgeräten wie Recke und Stützbarren besonders interessant, der Aufbau und die Vorbereitung erfordern aber mehr Zeit. Der Sportlehrer kann die Recke evtl. schon vorher in der Pause aufbauen. Die Taue brauchen nur aus der Halterung gezogen zu werden und 2 Bänke entsprechend als Ausgangsposition darunter gestellt werden. Die hier vorgeschlagene Anordnung der Großgeräte muss natürlich immer den jeweiligen Gegebenheiten vor Ort angepasst werden.

Bei 24 Schülern und 3 (+1) Stationen werden insgesamt 1 Turnbank, 6 Taue, 1-2 Weichböden, 2 Recke (brusthoch und kopfhoch), 2 Stützbarren, 8-10 Matten, 4 kleine Kästen, 4 Stäbe, 4 Reifen und 4 Gymnastikbälle benötigt.

- ✓ Offenes Stationenlernen an 3 Stationen mit „Pufferstation" in Einzelarbeit.
- ✓ Bei dem Einsatz der Barren und Recke kann es leicht zu Staus kommen; um dies zu verhindern bzw. aufzufangen, wird hier eine sog. „Pufferstation" zusätzlich angeboten, an der die Schüler die „Wartezeit" übend verbringen können, bevor sie dann an der eigentlichen Station üben.
- ✓ Nachdem die Stationen (siehe Plan) vorbereitet worden sind, werden die einzelnen Stationen noch einmal kurz gemeinsam durchgegangen, damit alle Schüler wissen, was an welcher Station gemacht werden soll.
- ✓ Die Stationen sind durch Pappschilder markiert.
- ✓ Jeder Schüler wählt zu Beginn eine Station, die er aufgrund seiner Vorerfahrungen ohne Probleme ausführen kann.
- ✓ Wenn die Station besetzt ist, geht der jeweilige Schüler zur „Pufferstation" und überbrückt damit die „Wartezeit".
- ✓ Der Sportlehrer gibt durch Ansage oder Signal die Übungszeiten pro Station vor.
- ✓ Die erzielten Ergebnisse können auf einem Laufzettel eingetragen werden.

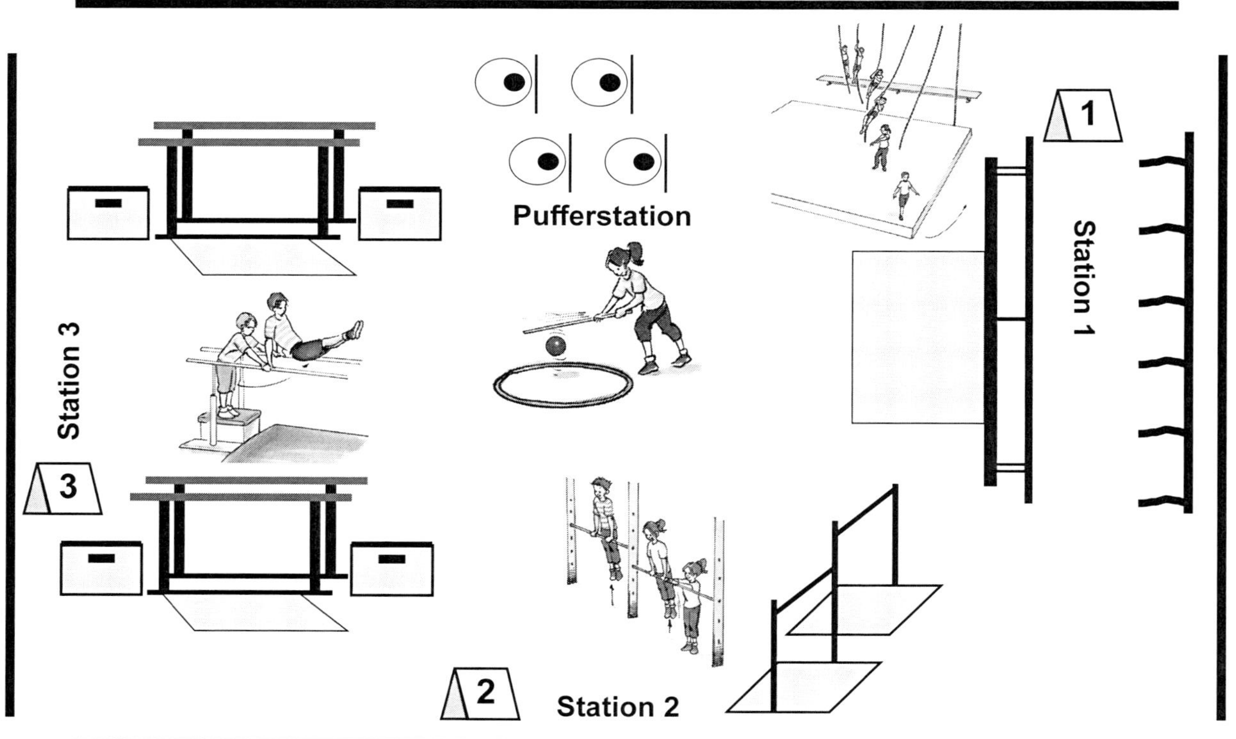

3. Grundtätigkeiten anwenden und verbessern

3.4 Drei Stationen: Stützen, Hängen und Schwingen mit „Pufferstation“

Station 1

Aufgabe: Steige auf die Turnbank, fasse das Tau mit beiden Händen über Kopf, springe mit beiden Füßen ab und schwinge nach vorn mit Landung auf dem Weichboden.

Zu einfach?
Turne nach der Landung eine Rolle vorwärts.

Material: Taue, Turnbank, Weichboden

Station 2

Aufgabe: Springe in den Stütz am brust- und/oder kopfhohen Reck. Richte deinen Oberkörper etwas auf und springe dann wieder zurück in die Ausgangsstellung.

Zu einfach?
Springe nach der Landung sofort wieder in den Stütz.
Turne nach dem Stütz einen Felgabzug (eine Rolle vorwärts) in den Stand.

Material: Reck, Turnmatten

Station 3

Aufgabe: Stand auf dem kleinen Kasten:

Greife etwas mit den Händen nach vorn und turne mit einem Vorschwung der Beine eine Kehre über einen Holm. An jedem Ende des Barrens turnt ein Schüler gleichzeitig.

Die Kehre auch zur anderen Seite üben.

Zu einfach?
Sprung in den Stütz, Vorschwung mit anschließendem Rückschwung, turne erst beim nächsten Vorschwung die Kehre über den Holm.

Material: kleine Kästen, Stützbarren, Turnmatten

„Pufferstation“

Aufgabe: Stand außerhalb des Reifens:

Schlage mit dem Stab auf den im Reifen liegenden Gymnastikball und bringe ihn zum Springen. Versuche, ihn anschließend weiter mit dem Stab zu prellen.

Zu einfach?
Gehe beim Prellen um den Reifen herum.

Material: Gymnastikreifen, Gymnastikball, Stab aus Holz

Stationenlernen Sport in der Grundschule – Bestell-Nr. 12 713
Gemeinsam spielen, üben und trainieren

9

3. Grundtätigkeiten anwenden und verbessern

3.5 Vier Stationen: Schwingen, Stützen, Springen – Pflicht- und Wahlkreis

Das folgende Beispiel erfordert aufgrund der Pflicht- und Wahlstationen einen größeren Materialaufwand und benötigt deshalb mehr Zeit für den Aufbau. Es ist immer günstig, wenn an einem Gerät Pflicht- und Wahlaufgabe möglich sind. Die Schüler können an jeder Station zwischen Pflicht- und Wahlaufgabe wählen. Es empfiehlt sich, erst einen Pflichtdurchgang für alle ausführen zu lassen und im zweiten Durchgang die Wahlaufgaben anzubieten.

Bei 24 Schülern und 4 Stationen mit Pflicht- und Wahlaufgaben werden insgesamt 6 Taue, 1-2 Weichböden, 3 Turnbänke, 2 Stützbarren, 4 kleine Kästen, 8 Turnmatten und 4 Springseile benötigt.

✓ Stationenlernen an 4 Stationen mit unterteilten Stationen.

✓ Diese anspruchsvolle Form sollte nur mit Klassen/Gruppen durchgeführt werden, die im Umgang mit dem Stationenlernen geübt sind.

✓ **An jeder Station können 4-6 Schüler gleichzeitig und/oder mit kleinem Abstand nacheinander üben.**

✓ Nachdem die Stationen (siehe Plan) aufgebaut worden sind, werden die einzelnen Stationen durchgegangen und dabei besonders auf die Unterteilung in Pflicht- und Wahlaufgaben hingewiesen.

✓ Zusätzlich werden Karten mit Aufgabe und Abbildung an den Stationen ausgelegt, sodass sich die Schüler evtl. noch einmal die Aufgabe durchlesen und den Bewegungsablauf ansehen können.

✓ Die Stationen sind durch Pappschilder markiert.

✓ Der Sportlehrer gibt durch Ansage oder Signal die Übungszeiten vor.

✓ Jeder Schüler sucht sich zu Beginn eine Station aus, an der er beginnt, die vorgesehene Reihenfolge sollte eingehalten werden, d. h. nach Station 1 kommt Station 2, nach Station 4 kommt Station 1 usw.
Natürlich kann der Sportlehrer evtl. aus Zeitgründen auf eine Station verzichten.

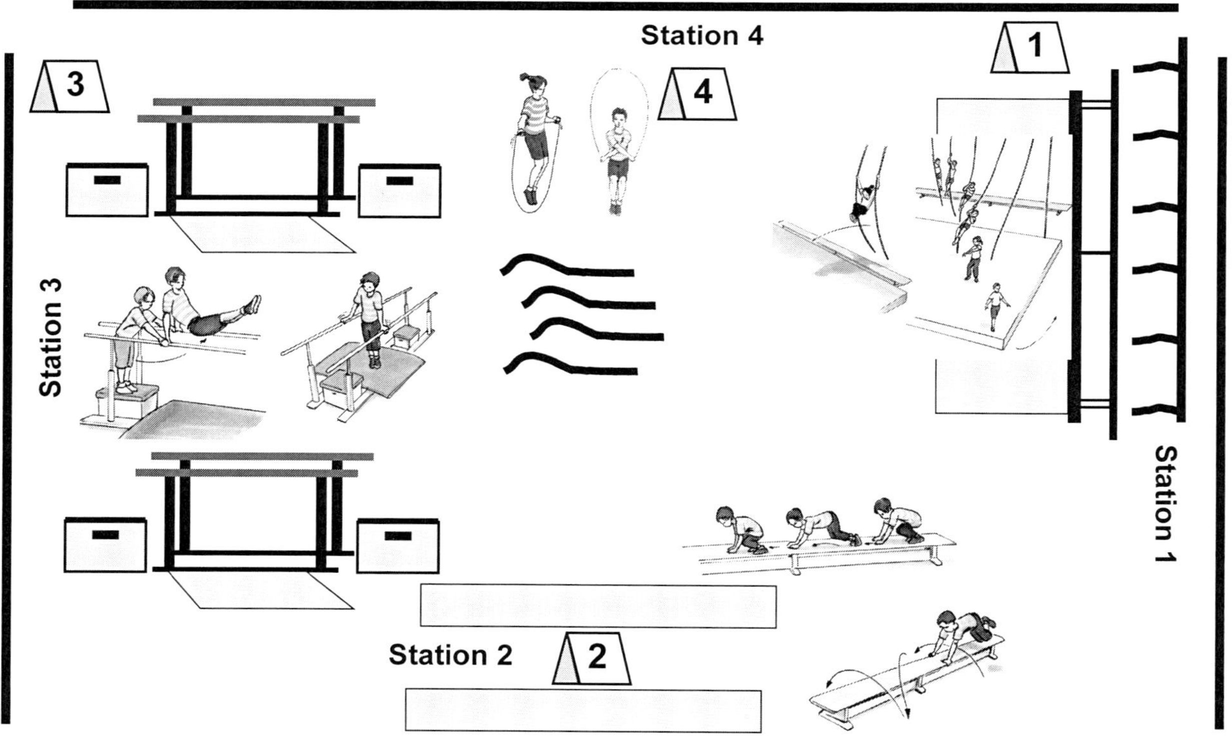

3. Grundtätigkeiten anwenden und verbessern

3.5 Vier Stationen: Schwingen, Stützen, Springen – Pflicht- und Wahlkreis

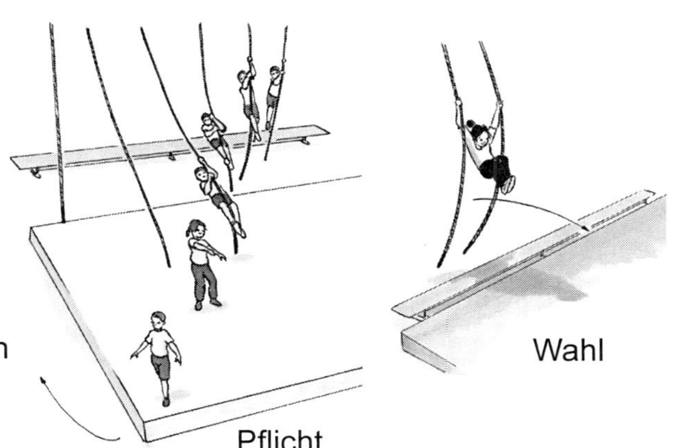

Station 1

Pflicht-Aufgabe: Steige auf die Turnbank, fasse das Tau mit beiden Händen über Kopf, springe mit beiden Füßen ab und schwinge nach vorn mit Landung auf dem Weichboden.

Material: Taue, Turnbank, Weichboden

Wahl-Aufgabe: Fasse mit je einer Hand ein anderes Tau über Kopf, springe zum Schwungholen etwas nach hinten hoch und schwinge dann nach vorn mit Landung auf dem Weichboden.

Station 2

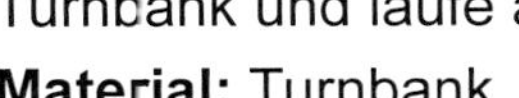

Pflicht-Aufgabe: Fasse die Turnbank mit den Händen an den Kanten rechts und links und turne eine Hockwende über die Bank auf die andere Seite. Führe einen kleinen Zwischenhüpfer aus und turne die Hockwende zurück in die Ausgangsstellung. „Hüpf-Hüpf und Hockwende, Hüpf-Hüpf und Hockwende". Greife immer etwas nach vorn und turne die Hockwende über die gesamte Länge der Bank. Verlasse die Turnbank und laufe außen zum Ausgangspunkt zurück.

Material: Turnbank

Wahl-Aufgabe: Im Hockstütz auf der Bank.

Rutsche (fasse) mit den Händen etwas vor und hocke mit den Füßen nach. Übe so über die gesamte Länge der Turnbank. Verlasse die Turnbank und laufe außen zum Ausgangspunkt zurück.

Wahl

Station 3

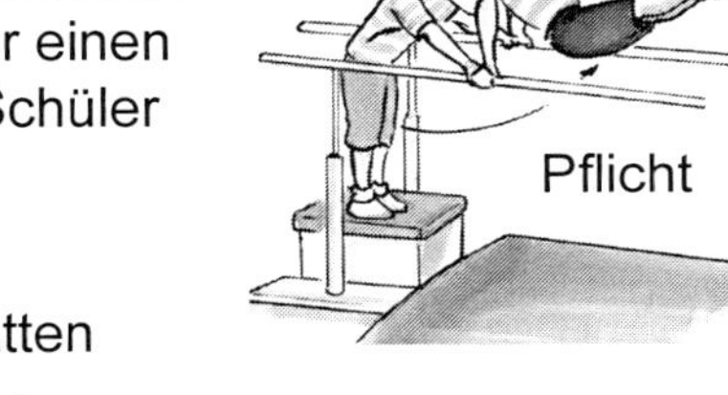

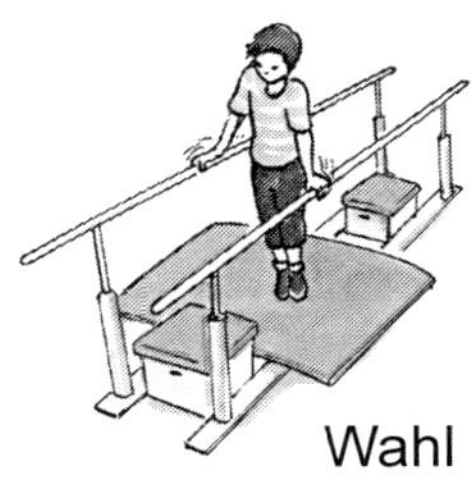

Pflicht-Aufgabe: Stand auf dem kleinen Kasten:

Greife etwas mit den Händen nach vorn und turne mit einem Vorschwung der Beine eine Kehre über einen Holm. An jedem Ende des Barrens turnt ein Schüler gleichzeitig.

Die Kehre auch zur anderen Seite üben.

Material: kleine Kästen, Stützbarren, Turnmatten

Wahl-Aufgabe: Stand auf dem kleinen Kasten:

Springe in den Stütz und stützele dich kleinschrittig durch die Holmgasse bis zur anderen Seite und springe dort auf den kleinen Kasten. Laufe außen zum Ausgangspunkt zurück.

Station 4

Pflicht-Aufgabe: Fasse das Springseil rechts und links und führe Schlusssprünge mit und ohne Zwischenhüpfer auf der Stelle aus.

Material: Springseil

Wahl-Aufgabe: Wiederhole den Grundsprung und kreuze die Arme vor dem Körper genau dann, wenn das Seil über Kopf ist. Die Landung der Füße erfolgt aber immer in der Schlussstellung. Wechsele ständig zwischen Grundsprung und „Überkreuzen".

Pflicht

Wahl

Stationenlernen Sport in der Grundschule – Gemeinsam spielen, üben und trainieren – Bestell-Nr. 12 713

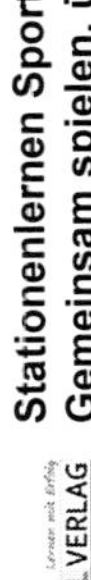

4. Turnerische/leichtathletische Grundformen lernen/üben

4.1 Fünf Stationen: Lernen und Üben der Hockwende

Das folgende Beispiel erfordert einen mittleren Materialaufwand, ist aber schnell zu organisieren. Die Turnbänke und die kleinen Kästen sind schnell an den entsprechenden Plätzen aufgestellt. Etwas aufwendiger ist die Station großer (vierteiliger) Kasten mit Sprungbrett davor und Matten dahinter. Den großen Kasten sollte der Sportlehrer schon transportbereit im Geräteraum bereitgestellt haben. In der Regel sind 3-4 Turnbänke in jeder Sporthalle vorhanden.

Bei 24 Schülern und 5 Stationen werden insgesamt 4 Turnbänke, 3 kleine Kästen, 1 großer (vierteiliger) Kasten, 1 Sprungbrett und 2 Turnmatten benötigt.

- ✓ Geschlossenes Stationenlernen an 5 Stationen mit unterschiedlichen Einstiegs- und Endstationen (siehe Kap. „Formen des Stationenlernens").
- ✓ Jeder Schüler erhält einen Stationenzettel mit den 5 Aufgaben.
- ✓ **An der Station 1 und 4 können 3 Schüler gleichzeitig nebeneinander üben. An den Stationen 2, 3, und 5 wird mit etwas Abstand nacheinander geübt.**
- ✓ Nachdem die Stationen (siehe Plan) entsprechend aufgebaut und markiert worden sind, werden die einzelnen Stationen noch einmal gemeinsam durchgegangen, damit alle Schüler wissen, was an welcher Station gemacht werden soll.
- ✓ Die Stationen sind durch Pappschilder markiert.
- ✓ Jeder Schüler wählt zu Beginn eine Station, an der er aufgrund seiner Vorerfahrungen beginnt und die er ohne Probleme ausführen kann. Danach wird die Reihenfolge der Stationen eingehalten, d. h. nach Station 1 kommt Station 2, nach Station 2 kommt Station 3 usw.
- ✓ Es dürfen keine Staus entstehen, an den Bänken wird nacheinander geübt.
- ✓ An der Station 5 wird Hilfeleistung gegeben. Anfangs übernimmt das auch der Sportlehrer.
- ✓ Der Sportlehrer gibt die Übungszeiten pro Station durch Signal vor.

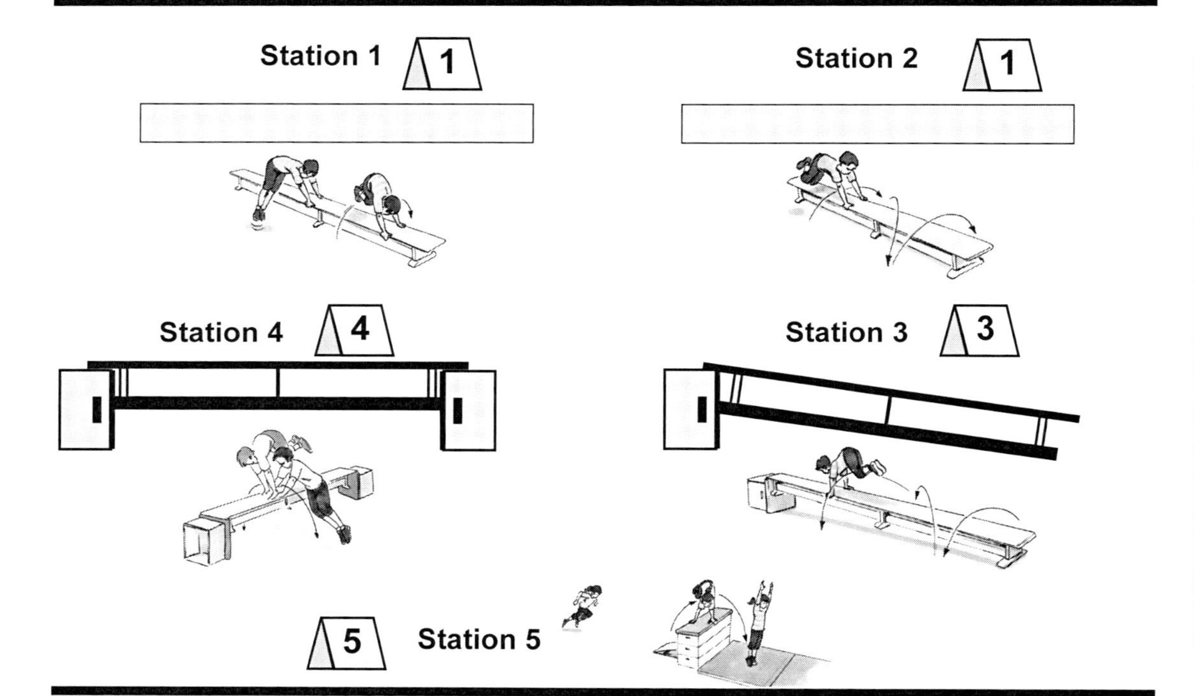

4. Turnerische/leichtathletische Grundformen lernen/üben

4.1 Fünf Stationen: Lernen und Üben der Hockwende

Station 1

Aufgabe: Jeweils 2-3 Schüler gehen an eine Turnbank. Fasse die Turnbank mit den Händen an den den Kanten rechts und links und turne eine Hockwende über die Bank auf die andere Seite. Führe einen kleinen Zwischenhüpfer aus und turne die die Hockwende zurück in die Ausgangsstellung. „Hüpf-Hüpf und Hockwende, Hüpf-Hüpf und Hockwende". Turne so 3-5mal hin und her, mache dann Platz für den nächsten Schüler.

Material: Turnbank

Station 2

Aufgabe: Hockwenden in der Fortbewegung an einer Turnbank. Mehrere Schüler stehen hintereinander an einer Turnbank.

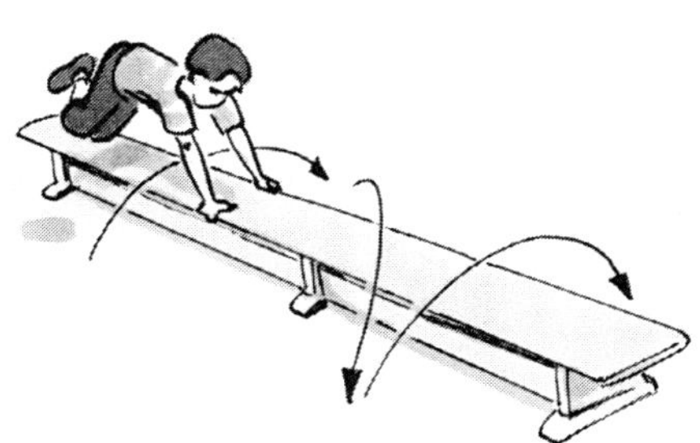

Turnt die Hockwende über die Bank und fasst nach der Landung auf beiden Füßen etwas nach vorn (Raumgewinn) und führt dann erneut die Hockwende aus. Die gesamte Länge der Turnbank wird so mit Hockwenden überwunden.

Material: Turnbank

Station 3

Aufgabe: Hockwenden an der ansteigenden Turnbank mit und ohne Zwischenhüpfer.

Turne die Hockwende. Lande auf beiden Füßen und fasse wieder etwas nach vorn. Versuche dich so kräftig wie möglich abzustützen, sodass das Gesäß hoch über den Stützpunkt der Hände kommt. Versuche, so lange wie möglich die Hockwende an der schrägen Bank ausführen.

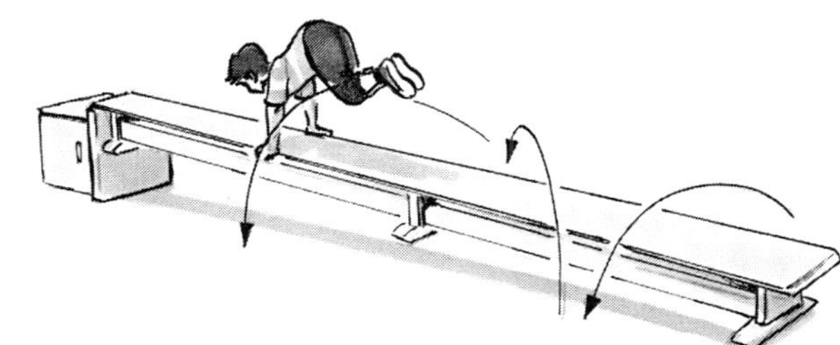

Material: Turnbank und kleiner Kasten

Station 4

Aufgabe: Hockwenden an der eingehängten Turnbank. Fasse die Turnbank mit den Händen an den Kanten rechts und links und turne eine Hockwende über die Bank auf die andere Seite. Führe einen kleinen Zwischenhüpfer aus und turne die Hockwende zurück in die Ausgangsstellung.

3-5mal hin und her.

Material: Turnbank und zwei kleine Kästen.

Station 5

Aufgabe: Laufe mit mehreren Schritten an und springe kräftig vom Sprungbrett ab und turne die Hockwende über den drei- oder vierteiligen Kasten. Die Landung erfolgt auf beiden Füßen.

Material: Sprungbrett, großer Kasten (drei- oder vierteilig), 2 Turnmatten.

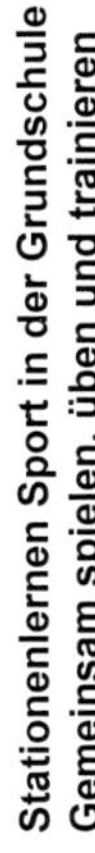

Stationenlernen Sport in der Grundschule
Gemeinsam spielen, üben und trainieren – Bestell-Nr. 12 713

10

4. Turnerische/leichtathletische Grundformen lernen/üben

4.2 Fünf Stationen: Lernen und Üben des Handstands

Das folgende Beispiel erfordert keinen großen Materialaufwand und ist schnell zu organisieren. Die drei Turnbänke sind schnell an den entsprechenden Plätzen positioniert. Das Auslegen der Matten an den Stationen 4 und 5 erfordert etwas mehr Zeit, da die Matten so ausgelegt werden müssen, dass sie noch ca. 30 cm an der Wand nach oben ragen.

Bei 24 Schülern und 5 Stationen werden insgesamt 3 Turnbänke und 6-8 Turnmatten benötigt.

- ✓ Geschlossenes Stationenlernen an 5 Stationen mit unterschiedlichen Einstiegs- und Endstationen (siehe Kap. „Formen des Stationenlernens").
- ✓ Jeder Schüler erhält einen Stationenzettel mit den 5 Aufgaben.
- ✓ **An den Stationen 1, 2 und 3 können 5 Schüler nebeneinander üben.**
- ✓ Nachdem die Stationen (siehe Plan) entsprechend aufgebaut und markiert worden sind, werden die einzelnen Stationen noch einmal gemeinsam durchgegangen, damit alle Schüler wissen, was an welcher Station gemacht werden soll.
- ✓ Die Stationen sind durch Pappschilder markiert.
- ✓ Jeder Schüler wählt zu Beginn eine Station, an der er aufgrund seiner Vorerfahrungen beginnt und die er ohne Probleme ausführen kann. Danach wird die Reihenfolge der Stationen eingehalten, d. h. nach Station 1 kommt Station 2, nach Station 2 kommt Station 3 usw.
- ✓ In der Regel dürften keine Staus entstehen, da an den Bänken nebeneinander geübt werden kann.
- ✓ An den Stationen 4 und 5 wird gegenseitige Hilfeleistung gegeben. Anfangs übernimmt das auch der Sportlehrer.
- ✓ Der Sportlehrer gibt durch Ansage oder Signal die Übungszeiten pro Station vor.

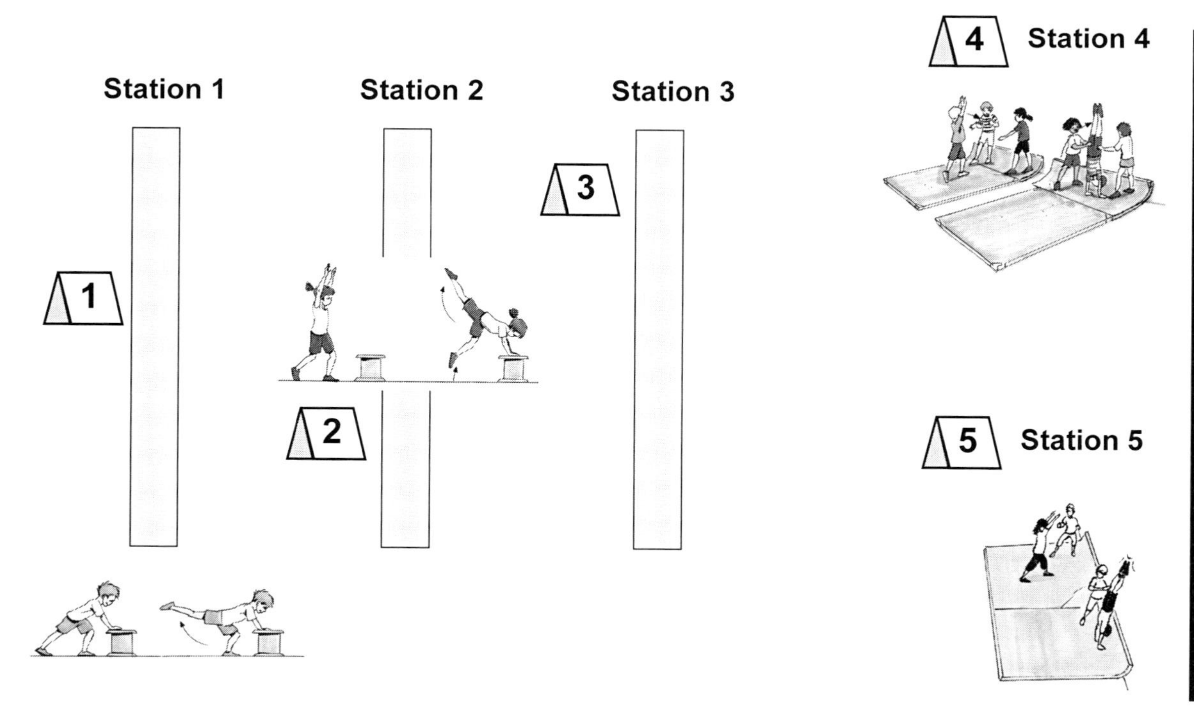

4. Turnerische/leichtathletische Grundformen lernen/üben

4.2 Fünf Stationen: Lernen und Üben des Handstands

Station 1

Aufgabe: Schrittstellung, fasse mit beiden Händen und fast gestreckten Armen die Bank (Kante und Fläche), der Kopf wird nur leicht angehoben (nicht ins Genick nehmen).

Schwinge nun das hintere gestreckte Bein leicht hoch, die Arme bleiben dabei unverändert und das vordere Bein bleibt am Boden.

Material: Turnbank

Station 2

Aufgabe: Schrittstellung, fasse mit beiden Händen und fast gestreckten Armen die Bank (Kante und Fläche), der Kopf wird nur leicht angehoben (nicht ins Genick nehmen).

Schwinge das hintere gestreckte Bein kräftig hoch und drücke dich mit dem Standbein zusätzlich ab, sodass der vordere Fuß sich vom Boden löst und ein halber Handstand entsteht. Lande danach wieder in der Ausgangsstellung.

Material: Turnbank

Station 3

Aufgabe: Schrittstellung mit erhobenen Händen über Kopf, das vordere Bein ist leicht gebeugt, das hintere Bein fast gestreckt.

Neige dich nach vorn und setze beide Hände auf die Bank. Schwinge das Schwungbein kräftig rückhoch und drücke dich dabei mit dem Standbein ab, sodass ein „halber Handstand" entsteht. Anschließend wieder in der gewohnten Schrittstellung landen.

Material: Turnbank

Station 4

Aufgabe: Schrittstellung mit den Händen über Kopf, das vordere Bein ist leicht gebeugt.

Neige dich nach vorn, setze die Hände auf die Matte (ca. 20-30 cm Abstand zur Wand) und schwinge mit kräftigem Schwungbeineinsatz in den Handstand (gegen die Wand). Rechts und links stehen Helfer (evtl. auch der Sportlehrer), die das Aufschwingen durch Zufassen an den Oberschenkeln unterstützen und sichern.

Material: Turnmatten

Station 5

Aufgabe: Schrittstellung mit den Händen über Kopf, das vordere Bein ist leicht gebeugt.

Neige dich nach vorn, setze die Hände auf die Matte (ca. 20-30 cm Abstand zur Wand) und schwinge ohne Partnerhilfe mit kräftigem Schungbeineinsatz in den Handstand (gegen die Wand).

Material: Turnmatten

Stationenlernen Sport in der Grundschule – Gemeinsam spielen, üben und trainieren – Bestell-Nr. 12 713
KOHL VERLAG

4. Turnerische/leichtathletische Grundformen lernen/üben

4.3 Vier Stationen: Lernen und Üben des Aufschwungs (Hüftaufschwung)

Das folgende Beispiel erfordert durch den Aufbau des Stufenbarrens und der Recke einen größeren Materialaufwand und benötigt deshalb mehr Zeit für die Vorbereitung. Den Stufenbarren und den großen Kasten sollte der Sportlehrer schon transportbereit im Geräteraum bereitgestellt haben. Die beiden Recke werden gemeinsam mit den Schülern aufgebaut.

Bei 24 Schülern und 4 (+1) Stationen werden insgesamt 1 Stufenbarren, 3 Recke, 1 großer Kasten, 1 Kastendeckel, 1 Sprungbrett, 6-8 Turnmatten, 1 Turnbank und 4-6 Reifen benötigt.

- ✓ Geschlossenes Stationenlernen an 4 Stationen mit unterschiedlichen Einstiegs- und Endstationen (siehe Kap. „Formen des Stationenlernens").
- ✓ Bei dem Einsatz des Stufenbarrens und der Recke kann es leicht zu Staus kommen; um dies zu verhindern bzw. aufzufangen, wird hier eine sog. „Pufferstation" zusätzlich angeboten, an der die Schüler die „Wartezeit" übend verbringen können, bevor sie dann an der eigentlichen Station üben.
- ✓ Jeder Schüler erhält einen Stationenzettel mit den 4 Aufgaben.
- ✓ **An der Station 1 können 2 Schüler gleichzeitig nebeneinander üben. An den Stationen 2-4 wird mit etwas Abstand nacheinander geübt.**
- ✓ Die Stationen 3 und 4 sind fast identisch, wobei die Unterstützung durch den Kastendeckel erfahrungsgemäß anfangs bessere Ergebnisse bringt.
- ✓ Die Stationen sind durch Pappschilder und/oder Pylone markiert.
- ✓ Jeder Schüler wählt zu Beginn eine Station, die er aufgrund seiner Vorerfahrungen ohne Probleme ausführen kann.
- ✓ Wenn die Station besetzt ist, geht der jeweilige Schüler zur „Pufferstation" und überbrückt damit die „Wartezeit".
- ✓ Der Sportlehrer unterstützt manche Schüler bei ihren Versuchen und weist auch die Mitschüler in die Hilfeleistung ein.

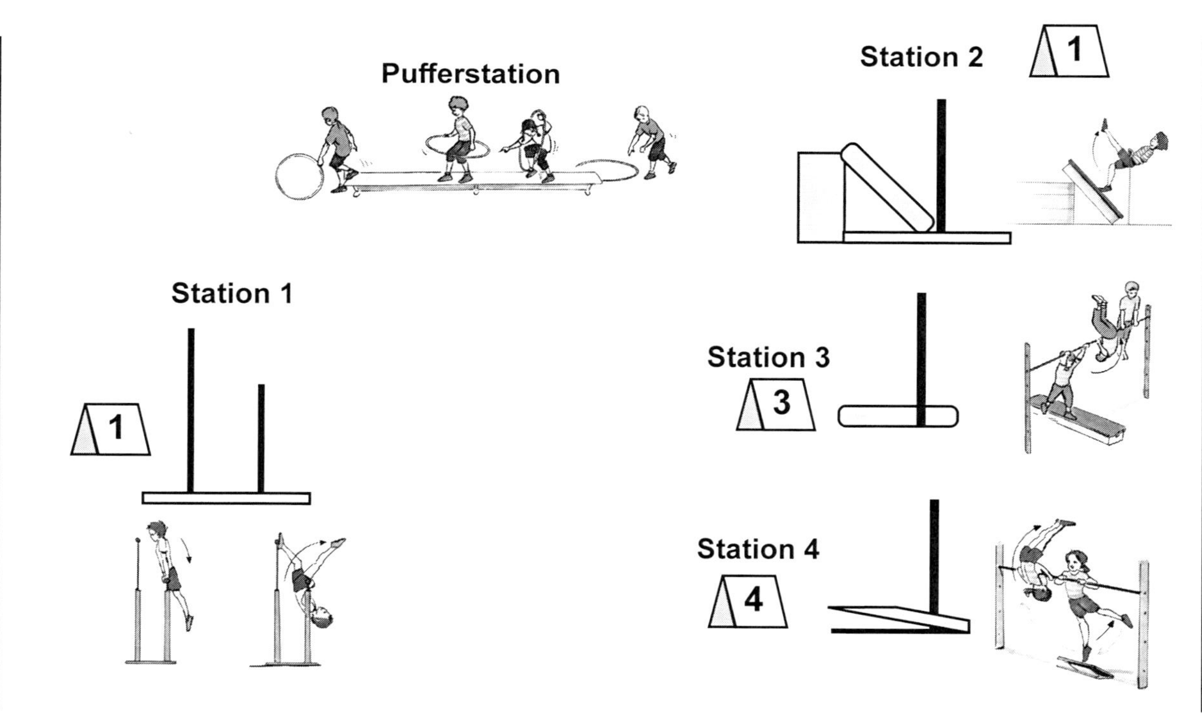

10

4. Turnerische/leichtathletische Grundformen lernen/üben

4.3 Vier Stationen: Lernen und Üben des Aufschwungs (Hüftaufschwung)

Station 1

Aufgabe: Stand außen vor dem niedrigen Holm mit gebeugten Armen.

Schwinge (setze) einen Fuß an den oberen (hohen) Holm und drücke dich damit ab, schwinge danach beide Beine über den niedrigen Holm. Richte dich in den Stütz auf und springe ab. Versuche es gleich noch einmal.

Hilfeleistung: Evtl. muss der Sportlehrer anfangs die Aufschwungbewegung am Rücken und an den Oberschenkeln unterstützen. Später können das auch die Mitschüler übernehmen.

Material: Stufenbarren, Turnmatten

Station 2

Aufgabe: Stand vor dem Reck (schulterhoch) mit gebeugten Armen.

Laufe die schräge Ebene hinauf und stoße dich kräftig mit einem Fuß ab und schwinge danach mit den Beinen über die Reckstange. Richte dich danach in den Stütz auf.

Achte darauf, dass deine Hüfte (dein Bauch) sich nicht zu weit von der Reckstange entfernt. Die Arme bleiben gebeugt, die Kopfhaltung ist normal (nicht in den Nacken nehmen!). Versuche es gleich noch einmal.

Material: Reck, großer Kasten, Turnmatte

Station 3

Aufgabe: Stand auf dem Kastendeckel, die Arme sind gebeugt, der Kopf leicht zur Brust geneigt, ein Fuß steht auf dem Kastenrand, sodass der andere Fuß frei daneben schwingen kann.

Schwinge nun nach leichtem Ausholen mit dem Schwungbein kräftig nach vorn-oben und über die Reckstange hinweg. Dein Standbein unterstützt den Aufschwung durch Abdruck. Lasse die Arme immer gebeugt und nehme den Kopf nicht ins Genick. Richte dich danach in den Stütz auf.

Hilfeleistung: Sportlehrer und/oder Mitschüler unterstützen den Aufschwung am Rücken und an den Oberschenkeln.

Material: Kastendeckel, Reck

Station 4

Aufgabe: Ein Fuß steht auf dem Rand des Sprungbrettes.

Das andere Bein (Schwungbein) holt etwas aus und schwingt dann intensiv am Sprungbrett vorbei – „zieht dich hoch und um die Stange" – in den Stütz, dabei hilft der Abdruck des Standbeins vom Sprungbrett kräftig mit. Die Arme bleiben immer gebeugt, die Kopfhaltung normal. Übe immer wieder, bis es ohne Hilfe gelingt.

Hilfeleistung: Sportlehrer und/oder Mitschüler unterstützen den Aufschwung am Rücken und an den Oberschenkeln.

Material: Sprungbrett, Reck

Pufferstation

Aufgabe: Gehe vorwärts über die Turnbank und winde dich dabei mehrmals durch den selbst gehaltenen Reifen.

Stationenlernen Sport in der Grundschule – Bestell-Nr. 12 713
Gemeinsam spielen, üben und trainieren

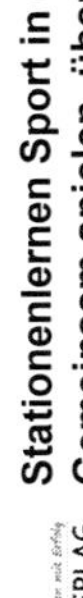

10

4. Turnerische/leichtathletische Grundformen lernen/üben

4.4 Vier Stationen: Lernen und Üben der Grätsche über den Bock

Das folgende Beispiel ist mit dem Aufbau der Böcke mit Sprungbrettern und dem Bereitstellen der kleinen Kästen schnell zu organisieren und benötigt deshalb wenig Zeit für die Vorbereitung. Die Böcke und die Sprungbretter sollte der Sportlehrer schon transportbereit im Geräteraum bereitstellen. Die kleinen Kästen und Matten werden gemeinsam mit den Schülern aufgebaut.

Bei 24 Schülern und 4 (+1) Stationen werden insgesamt 2 Böcke, 4 Turnmatten, 2 Sprungbretter, 6 kleine Kästen, 2 Reifen und 9 Pylone benötigt.

- ✓ Geschlossenes Stationenlernen an 4 Stationen mit unterschiedlichen Einstiegs-/Endstationen.
- ✓ Weil am Bock nur 1 Schüler „springen“ kann, gibt es oft Staus. Um dies aufzufangen, wird eine sog. „Pufferstation“ angeboten, an der die „Wartezeit“ übend genutzt wird, bevor man dann an der eigentlichen Station übt.
- ✓ Jeder Schüler erhält einen Stationenzettel mit den 4 Aufgaben.
- ✓ **An den Stationen 1 und 2 können beliebig viele Schüler gleichzeitig üben. An den Stationen 3 und 4 wird mit etwas Abstand nacheinander geübt.**
- ✓ Wichtig ist der in Station 4 beschriebene Übergang von kleinen Kästen zum Bock.
- ✓ Nachdem die Stationen (siehe Plan) entsprechend aufgebaut und markiert worden sind, werden die einzelnen Stationen noch einmal gemeinsam durchgegangen, damit alle Schüler wissen, was an welcher Station gemacht werden soll.
- ✓ Die Stationen sind durch Pappschilder und/oder Pylone markiert.
- ✓ Jeder Schüler wählt zu Beginn eine Station, an der er aufgrund seiner Vorerfahrungen beginnt und die er ohne Probleme ausführen kann.
- ✓ Wenn die Station besetzt ist, geht der jeweilige Schüler zur „Pufferstation“ und überbrückt damit die „Wartezeit“.
- ✓ Der Sportlehrer unterstützt die Schüler bei den ersten Versuchen über den Bock (es springt anfangs keiner ohne Hilfeleistung) und weist später auch die Mitschüler in die Hilfeleistung ein.
- ✓ Der Sportlehrer gibt die Übungszeiten pro Station durch Signal vor.

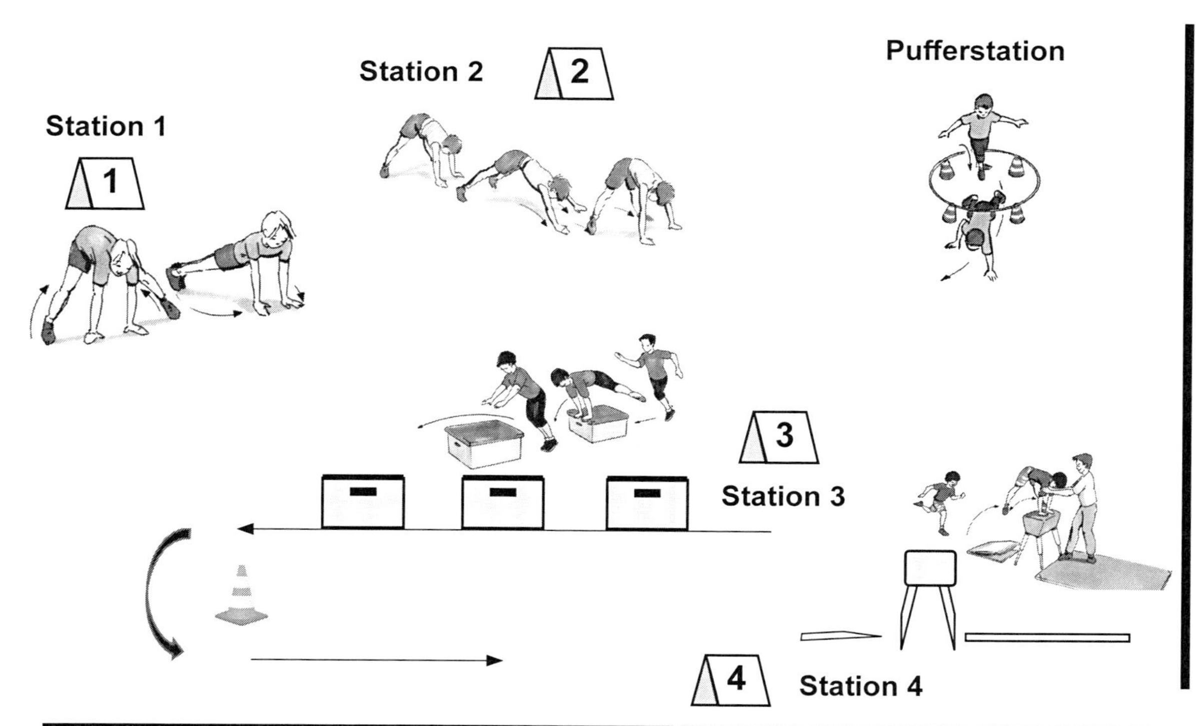

4. Turnerische/leichtathletische Grundformen lernen/üben

4.4 Vier Stationen: Lernen und Üben der Grätsche über den Bock

Station 1

Aufgabe: Gehe in den Liegestütz vorlings mit fast gestreckten Beinen und grätsche die Füße bis an die Linie der Hände vor. Führe die Beine danach wieder in die Ausgangsstellung zurück und grätsche erneut vor. Übe so mehrere Male rhythmisch nacheinander.

Material: Hilfslinie für die Hände und Füße

Station 2

Aufgabe: Aus dem leichten Grätschstand mit Stütz der Hände auf dem Boden:

Rutsche mit den Händen etwas nach vorn und grätsche anschließend mit den Beinen nach. Versuche dabei immer mehr an die Linie der Hände heranzukommen. Immer erst mit den Händen nach vorn rutschen/fassen – dann nachgrätschen.

Übe so mehrmals nacheinander, bis es fließend und ohne Unterbrechung gelingt.

Station 3

Aufgabe: 2-3 kleine Kästen stehen in Längsrichtung mit Abstand von ca. 1,5-2 m hintereinander.

Laufe kurz an, springe mit beiden Füßen ab, setze deine Hände auf das entfernte Ende des ersten kleinen Kastens und übergrätsche diesen. Führe zwischen den kleinen Kästen nur einen Zwischenhüpfer (mit beiden Füßen) aus, der dann in den nächsten beidbeinigen Absprung übergeht.

Material: 2-3 kleine Kästen

Station 4

Aufgabe: Grätsche zunächst über die kleinen Kästen, umlaufe die Pylone und laufe dann sofort weiter und turne die Grätsche über den Bock mit Hilfe.

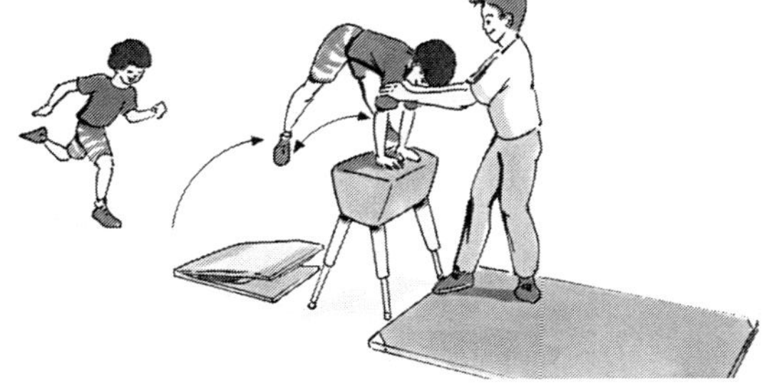

Pufferstation

Aufgabe: Ein Gymnastikreifen aus Holz liegt auf 4 Pylonen. Steige in den Reifen hinein, mache dich ganz klein und krieche unter dem Reifen heraus, ohne den Reifen zu berühren bzw. runterzuwerfen. Übe langsam, nicht hektisch.

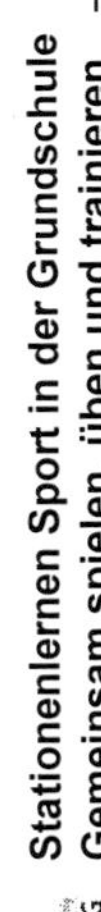

Stationenlernen Sport in der Grundschule
Gemeinsam spielen, üben und trainieren – Bestell-Nr. 12 713

4. Turnerische/leichtathletische Grundformen lernen/üben

4.5 Sechs Stationen: Auf dem Sportplatz – leichtathletische Grundlagenschulung

Auf dem Sportplatz lässt sich das Stationenlernen gut organisieren. Man muss dabei natürlich immer die jeweiligen örtlichen Voraussetzungen berücksichtigen und die Aufgaben danach ausrichten. Die hier genannten Beispiele müssen evtl. unter Beachtung der Gegebenheiten vor Ort ergänzt bzw. modifiziert werden. Die Aufgaben beinhalten leichtathletische Grundformen wie Werfen, Hüpfen, Springen und Laufen sowie Übungen zur leichtathletischen Grundlagenschulung. Ein großer Vorteil der Aufgaben auf dem Sportplatz liegt sicher darin, dass meistens viele Schüler gleichzeitig oder mit kurzen Abständen nacheinander üben können.

Bei 24 Schülern und 6 Stationen werden das Geländer am Sportplatz, Treppenstufen (im Stadion), Weitsprunggrube, Schlagbälle in ausreichender Anzahl und Pylone benötigt.

- ✓ Offenes Stationenlernen an 6 Stationen in Einzelarbeit.
- ✓ Die Stationen werden unter Berücksichtigung der örtlichen Voraussetzungen aufgebaut/organisiert.
- ✓ Die Stationen sind durch Pappschilder und/oder Pylone deutlich markiert.
- ✓ Nachdem die Stationen positioniert worden sind, werden sie noch einmal gemeinsam durchgegangen, damit alle Schüler wissen, was an welcher Station gemacht werden soll.
- ✓ Jeder Schüler erhält einen Stationenzettel mit den 6 Aufgaben.
- ✓ Der Sportlehrer gibt durch Ansage oder Signal die Übungszeiten vor.
- ✓ Jeder Schüler sucht sich zu Beginn eine Station aus, an der er beginnt.
- ✓ Auch die Abfolge danach ist freigestellt; da überall ausreichend Übungsmöglichkeiten bestehen, können die Schüler jederzeit wählen.
- ✓ Evtl. wird auch die Anzahl der zu erledigenden Stationen freigestellt, wobei aber mindestens 4 Stationen zu bearbeiten sind.

10

4. Turnerische/leichtathletische Grundformen lernen/üben

4.5 Sechs Stationen: Auf dem Sportplatz – leichtathletische Grundlagenschulung

Station 1

Aufgabe: Die Schüler stehen am Geländer und verteilen sich dort an den einzelnen Abschnitten zwischen den Stützen.

Fasse das Geländer mit beiden Händen und springe in den Stütz. Richte dich kurz auf und führe anschließend eine Rolle vorwärts um die Stange aus und setze danach die Füße auf den Boden. Übe mehrere Male in Folge.

Material: Geländer – Sportplatzeinfassung

Station 2

Aufgabe: Laufe mit kleinen Schritten die Treppenstufen hinauf. Jede Stufe muss mit einem Fuß berührt werden, keinen Stufe darf ausgelassen werden. Auf der anderen Seite langsam hinabgehen. Übe mehrere Male in Folge.

Material: Treppenstufen – Zuschauerränge

Station 3

Aufgabe: Suche dir eine Abwurfstelle (15 m, 20 m, 25 m, 30 m etc.), aus der du ohne Probleme das Geländer des Sportplatzes mit deinem Schlagball überwerfen kannst. Beginne mit kurzem Abstand und versuche schrittweise den Abstand zu erweitern.

Wichtig, Verletzungsgefahr! Lauft immer ganz außen herum, wenn ihr eure Schlagbälle zurückholt. Geht danach auch wieder außen herum zu eurer Abwurfstelle zurück.

Material: Geländer, Pylone als Markierung, Schlagbälle

Station 4

Aufgabe: Laufe mit wenigen Schritten an, springe mit deinem geübten Bein aus der Absprungzone ab und bringe dein Schwungbein weit nach vorn (weite Schritthaltung in der Luft). Erst im letzten Moment wird das Sprungbein zur beidbeinigen Landung nachgezogen. Versuche so den schräg verlaufenden Sandwall zu überspringen. Suche dir immer wieder eine neue Stelle mit etwas längerem Abstand aus.

Material: Weitsprunggrube, Sandwall, evtl. auch ein schräg verlaufendes Tau

Station 5

Aufgabe: Fasse mit beiden Händen das Geländer und laufe mit kleinen Schritten unter dem Geländer hindurch – dein Körper kommt dabei in die Streckung/Überstreckung. Führe am Ende des Vorlaufens eine halbe Drehung aus, lauf sofort wieder zurück in die Spannbeuge und erneut unter dem Geländer hindurch usw.

Material: Geländer

Station 6

Aufgabe: Die Schüler stehen in einem großen durch Pylone markierten Halbkreis vor dem Tor. Der Gymnastikreifen wird an der Torlatte befestigt. Jeder Schüler hat 3-5 Schlagbälle.

Versuche nun deinen Ball durch den Reifen zu werfen.

Wichtig, Verletzungsgefahr! Die Bälle werden erst dann zurückgeholt, wenn alle Schüler ihre Bälle geworfen haben.

Material: Gymnastikreifen, Seil zum Befestigen des Reifens, Schlagbälle, Pylone

Klasse 1 2 3 4

Sport

Rudi Lütgeharm

Leichtathletik ... für Kinder

In diesem Buch wird eine große Anzahl von kleinen Spielen genannt, um die Voraussetzungen für das Laufen, Springen und Werfen spielerisch zu verbessern. Es folgen zielgerichtete Übungsformen, um die Schüler auf die eigentlichen Zielübungen vorzubereiten. Mit erprobten methodischen Übungsreihen werden die Grundformen kleinschrittig vermittelt und Möglichkeiten der Differenzierung aufgezeigt. Aussagekräftige Skizzen und Abbildungen ergänzen den jeweiligen Text. Dieses Buch zeigt auf, wie die „Leichtathletik für Kinder" interessant und abwechslungsreich gestaltet werden kann.

1 2 3 4

68 Seiten	12 344	ab 14,99 €

Mark Heyde

Schwimmunterricht

Eine gelungene Schwimmausbildung minimiert Gefah situationen und schafft Erfolge. Die Rahmenvorgaben den Schwimmunterricht werden mit zahlreichen sinnv Aufgaben auf Stationskarten umgesetzt. Laminiert sind wasserfest und immer wieder einsetzbar. Im Übungste die Lernenden werden einige wesentliche Inhalte der sischen Schwimmausbildung aufgegriffen und in einfa Form dargestellt (Baderegeln, Checklisten, Sicherhei stimmungen...).

40 Seiten	12 208	ab 11,99 €

Rudi Lütgeharm

Inklusion im Sportunterricht

Anspruch und Möglichkeiten

Dieses Buch gibt u.a. Hilfen und zeigt praktische Möglichkeiten auf, zum Beispiel: 1. Differenzierung innerhalb einer Aufgabe (durch unterschiedliche Aufgaben) ermöglichen, 2. Differenzierung innerhalb einer methodischen Übungsreihe, 3. Unterschiedliche Belastungen im konditionellen und koordinativen Bereich setzen, 4. Regeländerungen vornehmen und individuelle Techniken zulassen, 5. Bewegungsaufgaben stellen und soziales Lernen ermöglichen, 6. Materialvariation bei gleichem Lerngegenstand anbieten, 7. Sonder- bzw. Zusatzaufgaben stellen usw.

INK

1 2 3 4

88 Seiten	11 308	ab 16,49 €

Rudi Lütgeharm

Schwimmen lernen & üben

NEU ab N

praxisnah & anschaulich

Dieses Buch beschreibt zunächst die Voraussetzun für das Schwimmenlernen und benennt auch die Vor- Nachteile der eventuellen Anfängerschwimmart. Es fo klare und sofort umsetzbare Lernschritte/Übungsre mit Hinweisen zum Lernen und Üben der Schwimmtec ken Brust-, Kraul- und Rückenschwimmen, die "Schrit Schritt", meistens ganzheitlich erlernt werden können.

64 Seiten	12 715	ab 14,49 €

Rätsel, Logik & Co

Ulrike Stolz & Tim Schrödel

Logikrätsel Training des logischen Denkens

Mit Logikrätseln werden die Gehirnzellen trainiert – auf angenehme Weise beschäftigen sich die Schüler mit wichtigen Inhalten und wiederholen, ohne sich dessen wirklich bewusst zu sein. Logikrätsel sind ein ideales Training für den Kopf, erhöhen die Konzentration und machen einfach nur Spaß!

BF PDF plus

3 4

40 S.	Deutsch	11 086	ab 12,49 €
40 S.	Mathematik	11 087	ab 12,49 €
40 S.	Sachthemen	11 211	ab 12,49 €
48 S.	Pflanzen & Tiere	11 577	ab 12,49 €
32 S.	Ethik	11 531	ab 10,99 €

Andrea Schmidt

Rätsel Sachunterricht

Ein bunter Rätsel-Mix mit Suchseln, Silbenrätseln, Ketten- und Gitterrätseln sowie vielen weiteren interessanten Rätselarten zu Themen aus dem Sachunterricht. Die Arbeitsblätter sind in drei Niveaustufen eingeteilt und bestens geeignet zur Differenzierung innerhalb einer Klasse/Gruppe. Ideal geeignet als Lückenfüller, für die Vertretungs- oder Freistunde oder als Hausaufgabe. Die Schülerinnen und Schüler wiederholen Themenbereiche aus dem Sachunterricht und vertiefen ihr bereits vorhandenes Wissen.

BF PDF plus

1	Tierwelt	12 323	
2	Pflanzenwelt	12 324	
3	Naturwissenschaften	12 562	je 48 Seiten
4	Mensch & Politik	12 697	ab 12,49 €

3 4

Daniela Feurer, Jochen Vatter & Mila Müller

Kreuzworträtsel Prüfung des Allgemeinwissens

__Deutsch__: Die Kinder hören/lesen einen umschriebenen Begriff und suchen das Lösungswort.

__Englisch__: 40 Rätsel mit Lernwörtern aus den Lernjahren 1-2, die zu einem Lernfeld zusammengestellt sind.

__Sachunterricht__: 34 Rätsel rund um die Themenvielfalt im Sachunterricht zur Übung und Vertiefung.

48 S.	Deutsch	11 384	15,80 €
56 S.	Englisch	11 233	ab 13,49 €
48 S.	Sachunterricht	12 267	ab 12,49 €

3 4

Autorenteam Kohl-Verlag

KWR Rechtschreibung, Grammatik, Lesen

Wesentliche Elemente der deutschen Sprache werden mit spielerischen Mitteln geübt und gefestigt.

Rechtschreibung	11 870	
Grammatik	11 871	je 32 Seiten
Lesekompetenz	11 872	ab 11,99 €

FÖ INK

3 4

Samuel Zwingli

Knacknüsse

Denksportaufgaben für schlaue Köpfe

Pfiffige Rätsel zur Stärkung von Mathe, Optik & Logik. *Die Kop vorlagen bieten überraschende und spannende Problemstellunger besonders findige Grundschüler ab Klassenstufe 3. Eine große Sar lung von Denksportaufgaben zum räumlichen Vorstellungsvermö und zum Spielen mit Zahlen erwartet Sie.* ***Denksport macht fitte Kö***

56 Seiten	11 154	16,80 €

BF

Dirk Meyer

SUDOKUS – So knackst du sie!

Beim Lösen von Sudokus ist logisches Denken erforderlich. So lassen s die zauberhaften Rätsel in allen Vertretungsstunden in Mathematikur richt-Vertretungsstunden oder zwischendurch gut einstreuen.

44 Seiten	10 861	ab 12,49 €

BF PDF plus

Michael Junga

Logisch denken lernen mit Hashis

Inseln mit Zahlen bzw. Punkten werden nach vorgegebenen Regeln m nander verbunden. Ziel ist es, genau die vorgegebene Anzahl einfacher doppelter Linien auf die Insel zulaufen zu lassen, ohne dass sich die Lin kreuzen. Alle Inseln müssen zum Schluss miteinander verbunden sein. verschiedenen Schwierigkeitsstufen und Größen!

32 Seiten	11 464	ab 11,99 €

BF

Uwe Schwesig

Kakuros – Logikrätsel mit Pfiff!

Kakuros sind vom Aufbau einem Kreuzworträtsel ähnlich. Diese Kaku sind nach vier Differenzierungsstufen sortiert: einfach, normal, schwer u teuflisch. Je nach Schwierigkeitsgrad sind die Kakuros dann in den un schiedlichen Klassenstufen einsetzbar. Ideales Material zur Stärkung mathematischen Denk- und Kombinationsfähigkeit.

32 Seiten	12 281	ab 11,99 €

FÖ BF

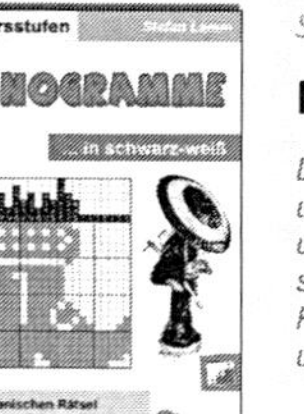

Stefan Lamm

Nonogramme ... in schwarz-weiß

NEU

Diese japanische Rätselform ist ideal zur Stärkung der räumlichen De und Kombinationsfähigkeiten. Ziel dieser Rätsel ist es, mit schwarz und weißen Kästchen schematisierte Bilder nachzubauen. Die Lage schwarzen Kästchen pro Zeile und Spalte ist durch einen Zahlencode Rand chiffriert. Nonogramme sind knifflig. Der logische Verstand ist gefr und wird geschult!

32 Seiten	12 605	ab 11,99 €

BF 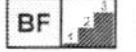